"研究生学术论文写作"丛书

MBA学位论文写作
案例与方法

张恒龙 孟 添 田聪莹 ◎ 编著

上海大学出版社

图书在版编目(CIP)数据

MBA学位论文写作：案例与方法 / 张恒龙，孟添，田聪莹编著. -- 上海：上海大学出版社，2024.8. (研究生学术论文写作). -- ISBN 978-7-5671-5045-4
Ⅰ. F203.9
中国国家版本馆CIP数据核字第2024EW8021号

责任编辑　陈　强
封面设计　缪炎栩
技术编辑　金　鑫　钱宇坤

"研究生学术论文写作"丛书
MBA学位论文写作：案例与方法
张恒龙　孟　添　田聪莹　编著
上海大学出版社出版发行
（上海市上大路99号　邮政编码200444）
（https://www.shupress.cn 发行热线 021-66135112）
出版人　戴骏豪

＊

南京展望文化发展有限公司排版
上海普顺包装印刷有限公司印刷　各地新华书店经销
开本710mm×1000mm　1/16　印张11.5　字数170千
2024年8月第1版　2024年8月第1次印刷
ISBN 978-7-5671-5045-4/F·246　定价　62.00元

版权所有　侵权必究
如发现本书有印装质量问题请与印刷厂质量科联系
联系电话：021-36522998

"研究生学术论文写作"丛书编委会

主　任　张建华

副主任　张勇安　李常品　曾桂娥　戴骏豪
　　　　　姚　蓉

委　员（按姓氏笔画为序）
　　　　　丁治民　丁敬达　于瀛洁　王　勇
　　　　　王廷云　王远弟　毛建华　方　勇
　　　　　卢志国　叶海涛　田立君　宁镇疆
　　　　　刘文光　闫坤如　严三九　李凤章
　　　　　李桂琴　李颖洁　吴　浩　沈　荟
　　　　　张恒龙　张新鹏　陆丹丹　陈　静
　　　　　陈　瑜　尚　新　姚　萱　聂永有
　　　　　唐青叶　黄晓春　梁　奇　曾　军
　　　　　廖大伟　阚怀未　戴世强

总 序

教育部办公厅《关于进一步规范和加强研究生培养管理的通知》明确指出,研究生培养单位要加强学术规范和学术道德教育,把论文写作指导课程作为必修课纳入研究生培养环节。上海大学积极响应,安排各个学院组织开设相关课程并纳入研究生培养环节,取得良好效果。

为了进一步提升研究生培养质量,上海大学研究生院和上海大学出版社联合策划了"研究生学术论文写作"丛书,作为研究生学习学术写作的指导用书。本丛书内容涵盖文科、理科、工科、医学、经济、管理等多个学科,邀请各学科教授及学术骨干领衔担任主编,并根据学科特点,采用以下两种编纂模式:一是对已发表的高水平论文进行综合分析,归纳出写作要点;二是在已发表的论文案例基础上,论文原作者解析撰文过程和注意事项。这种"案例+方法"的编纂模式,通过论文作者现身说法的方式,从问题意识、论证方法、创新之处等方面揭示论文的成文之道,为研究生提供可参考、可借鉴的学术写作范例。

上海大学老校长钱伟长生前指出,研究生培养分为两个阶段,一个是课程学习阶段,另一个是论文写作阶段。钱校长非常重视研究生学术论文写作能力的培养,他曾经在研究生开学典礼的讲话中指出:"论文很重要。写论文以前,你首先要到第一线找到人家的'肩膀'在哪儿。"本丛书的编纂,践行钱伟长教育思想,探索案例和方法相结合的教学途径,为研究生提供学术研究的"肩膀",为各学科研究生提供学术论文写作的方法指导,也可为青年教师撰写学术论文提供思路启发。

我们真诚地希望使用本丛书的教师、学生以及广大读者对其中存在的问题提出修改意见或建议,交流互鉴,共彰学术。

"研究生学术论文写作"丛书编委会

2021 年 9 月

目录

前言   1

第一章　MBA学位论文写作与人才培养   1
第一节　MBA的教育理念与培养目标   1
第二节　MBA学位论文的主要类型   2
一、案例研究类学位论文   3
二、专题研究类学位论文   5
第三节　MBA学位论文的写作   7
一、MBA学位论文的写作流程   7
二、MBA学位论文的写作设计   8

第二章　MBA学位论文的选题与开题报告   10
第一节　MBA学位论文选题的类型与原则   10
一、选题类型   10
二、选题标准   10
三、标题撰写原则   11
第二节　MBA学位论文选题的方法与注意事项   12
一、选题方法   12
二、选题需注意的问题   14

第三节　MBA学位论文开题报告的流程与意义　16
　　一、MBA学位论文开题报告的流程　16
　　二、MBA学位论文开题报告的意义　17
第四节　MBA学位论文开题报告的内容与常见问题　18
　　一、MBA学位论文开题报告的内容　18
　　二、MBA学位论文开题报告的常见问题　21

第三章　文献检索与文献研究　22
第一节　文献分类及文献来源　22
　　一、文献资料的分类　22
　　二、文献的收集及来源　23
第二节　文献检索的方法与工具　24
　　一、文献检索的方法　25
　　二、文献数据库　26
　　三、文献数据库检索方式　28
第三节　文献综述的写作与常见问题　29
　　一、文献综述的写作要求　29
　　二、文献综述的写作步骤和范例　31
　　三、文献综述写作需注意避免的问题　33
第四节　理论基础的写作与常见问题　38
　　一、理论、工具与分析框架的区别　38
　　二、理论基础的主要内容　39
　　三、理论基础写作需注意避免的问题　42

第四章　MBA学位论文的摘要与绪论　47
第一节　摘要的写作要求与常见问题　47
　　一、摘要的写作要求　47
　　二、摘要的写作示例　48
　　三、摘要写作需注意的问题　51
第二节　关键词的写作要求与常见问题　56
　　一、关键词的选取方法　56

二、关键词的选取要求　　59
　　三、关键词选取需注意避免的问题　　59
第三节　绪论的写作要求与常见问题　　60
　　一、绪论的组成结构　　60
　　二、绪论的写作要求　　61
　　三、绪论写作需注意避免的问题　　69

第五章　MBA学位论文的正文写作　　71
第一节　案例研究类论文　　71
　　一、案例素材的收集与标题的确定　　71
　　二、案例介绍的写作要求与常见问题　　73
　　三、案例分析的写作要求与常见问题　　80
　　四、解决方案设计与实施的写作要求与常见问题　　84
第二节　企业诊断类论文　　86
　　一、企业环境分析的写作要求与常见问题　　86
　　二、企业现状介绍的写作要求与常见问题　　94
　　三、问题识别及成因分析的写作要求与常见问题　　97
　　四、解决和改进方案的写作要求与常见问题　　102
第三节　实证研究类论文　　106
　　一、研究假设和研究设计的写作要求与常见问题　　106
　　二、数据收集与实证分析的写作要求与常见问题　　113

第六章　结论与参考文献　　120
第一节　结论的写作要求与常见问题　　120
　　一、结论的写作要求　　120
　　二、结论撰写需注意避免的问题　　124
第二节　参考文献的引用与注意事项　　125
　　一、参考文献的引用原则　　126
　　二、参考文献的书写规范　　127
　　三、引用参考文献需注意避免的问题　　129

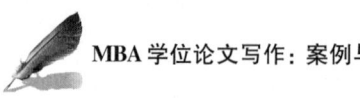

第七章 MBA学位论文的格式规范   131
第一节 字数与格式要求   131
第二节 目录的编排规范   140
第三节 图表的绘制规范   142
一、图的标注和引用   142
二、表的标注和引用   143
第四节 参考文献的引用规范   145
一、引文、参考文献与注释的区别   145
二、参考文献的标注方法   146
三、文献引用的注意事项   149
第五节 论文语言的写作规范   150
一、客观、务实的写作风格   150
二、善于用数据和图表说话   151
三、章节与段落之间的衔接   157

第八章 MBA学位论文的评阅与答辩   159
第一节 学术规范   159
一、学术规范的基本要求   159
二、违反学术规范的行为   160
第二节 论文答辩   160
一、论文答辩的特点   161
二、论文答辩的目的   162
三、学位论文答辩前的资格审查   162
四、论文答辩的一般程序   163

参考文献   165
附录 工商管理专业学位类别硕士学位论文基本要求(试行)   167

前言

本书内容涵盖 MBA 学位论文从选题、撰写开题报告、撰写论文的全过程。重点是如何规范地撰写学位论文，包括摘要的必备内容、关键词的确定原则、绪论的必备内容和一般结构、文献综述的必备要素和注意事项、核心部分章节必备内容和结构安排、章首语和本章小结的必备内容、结论的必备内容等。本书针对 MBA 学位论文的各个环节都选择了案例，而且都是从优秀范例和问题论文两个方面进行对照分析和研究，有助于 MBA 学员更加明确掌握相关知识与规范要求，以此提高学习成效。

在我国，MBA 培养制度还处于探索阶段，学位论文对于保证 MBA 培养质量尤为重要。学位论文是 MBA 培养的一个重要环节，学位论文的撰写有利于提高 MBA 学员的理论水平、科研能力和综合素质。同时，学位论文也是检验 MBA 学员在学期间学习运用所学的知识解决现实问题的重要环节。对于具有一定实践经验的 MBA 学员，进行学位论文写作，可以促使其尽量紧密结合自身的工作性质和经历，选择企业实际问题开展研究，从而为适应我国社会主义现代化建设需要造就一批工商企业和经济管理人才队伍，并真正使其能够成长为社会发展的中坚力量。

上海大学 MBA 中心为了切实提高学位论文质量，提升人才培养水平，近年来开设了"商业学术研究"课程，受到了广大学员的欢迎和好评，但是至今缺乏相应的教材，为了尽快弥补这一人才培养环节的短板，中心希望尽快撰

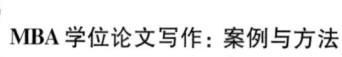

写并出版本教材。作为课程主讲教师，我有幸承担了这一任务并获得了上海大学研究生教材建设项目的资助，历时一年多，在近三年授课基础上，和孟添副教授以及我指导的博士生田聪莹同学一同完成本教材的编撰。根据全国工商管理专业学位研究生教育指导委员会发布的《工商管理专业学位类别硕士学位论文基本要求（试行）》，结合上海大学教学实际，参考兄弟院校经验，形成了这本适用于全国MBA人才培养的教材。

本教材从MBA学员的成长需求出发，注重实践性、学术性、创新性和规范性的有机统一。本书主要有三个特点：

第一，强调学术规范。教材中推荐的学位论文各个环节的写作规范与方法，均是学界已有规范或者是约定俗成的主流模板。同时，注重强调教育部和高校对于MBA学位论文规范性的要求，有专门的内容阐述如何保证规范性、如何保证学术诚信，以此确保人才培养目标的实现。

第二，强调朋辈借鉴。本教材采用了大量的已公开的学位论文作为案例，一部分来自中国知网，一部分来自上海大学MBA中心，旨在让学员们感受到朋辈教育的魅力。都是MBA学员，别人可以做到，自己当然也可以做到；同样，其他学员会犯的错误，自己也可能出现，以此激发学员们内在的学习动力。

第三，强调正反对比。本教材针对MBA学位论文的各个环节都选择了大量案例，而且都是从优秀范例和问题论文两个方面进行对照分析和研究，有助于MBA学员更加明确地掌握相关知识与规范要求，以此提高教学效果。

在此特别感谢全国工商管理专业学位研究生教育指导委员会、中国学位与研究生教育学会工商管理专业学位工作委员会的殷切指导。感谢上海大学研究生院、MBA中心、中国工商管理专业学位教育基地（上海）—上海大学管理教育研究院的大力支持与相关资助，上海大学出版社的精心编辑。同时感谢历届上海大学MBA学员在课程中的积极反馈，还要感谢教材中所引用的案例论文的作者和参考文献的作者。

张恒龙

2024年1月于纽约

第一章
MBA 学位论文写作与人才培养

第一节 MBA 的教育理念与培养目标

MBA(Master of Business Administration)教育是一种高层次的职业教育,其培养目标不仅是掌握工商管理某一学科的专业知识,更着重培养具备从事企业经营管理职业所需的职业道德和职业技能的专业人才。这种教育模式充分体现了管理知识转化为生产力、管理直接为经济服务的特点。与传统学术型研究生培养模式相比,MBA 教育在培养目标、生源要求、教学内容、培养过程管理、实践活动以及就业指导等方面具有显著差异。MBA 教育是一种有意识、有目的、有组织、涵盖完整学科内容、采用独特方式进行的、旨在为工商企业培养职业经理人的超越大学层次的研究生教育活动。其一切举措均围绕如何培养合格的职业经理人展开,因此 MBA 教育可被视为一种典型的以培养实用型高级经营管理人才为目标的研究生教育模式,实质上是以研究生形式来培养职业经理人才的"职业教育"。

纵观国内外 MBA 的现状,其培养过程的主要特点可以概括如下:

(1) 以实践为导向:MBA 注重实践能力的培养,强调理论与实践的结合。通过案例分析、实地考察、商业模拟等方式,让学员们能够将所学知识应用于实际问题的解决。

(2) 注重团队合作:MBA 培养学员们具备团队合作和领导能力,注重培养学员们的沟通、协作和组织能力。通过小组项目、团队讨论等形式,培养学员们在团队中合作解决问题的能力。

(3) 开拓全球化视野:MBA 强调培养学员具备全球化思维和跨文化交流能力。通过国际交流项目、国际商务课程等,拓宽学员的国际视野,培养他们在全球化背景下的竞争力。

（4）培养创新思维：MBA鼓励学员具备创新思维和创业精神。通过创业课程、创新项目等方式，培养其创新意识和解决问题的能力。

MBA教育的根本目的在于为企业服务，为市场经济服务。在这一培养目标的引导下，MBA教学的目标始终明确。因为有了这样清晰的教学目标指引，MBA教学的内容得以丰富，且教学形式也得以多样化。企业高层管理人员的工作领域极为广泛，这为MBA教学内容提供了充分的想象空间。从战略管理到人力资源，从CEO的决策到日常的管理沟通，从工作流程到企业文化，都可以成为课程的内容之一。这不仅有助于开阔MBA学员的视野、提升他们的自信心、拓展解决问题的思路，而且在培养个人雄心壮志、锻炼人的意志等方面，也能够产生实际的成效。

通过不同的MBA课程，从不同的侧面培养学员们的五种能力，使其总体教学目标具体化。这五种能力主要如下：

（1）综合管理能力：MBA的培养目标之一是培养学员们成为具有领导者素养的管理人。他们应具备良好的领导能力、决策能力和沟通能力，能够有效地管理和激励团队。

（2）商业决策能力：MBA旨在培养学员们具备良好的商业决策能力，使其能够在复杂的商业环境中做出明智的决策，并有效地领导团队实现目标。

（3）创新创业能力：MBA注重培养学员们的创新和创业能力，使其能够在市场竞争中发现机会、创造机会，并充分挖掘商业价值。

（4）全球化竞争力：MBA致力于培养具备全球化竞争力的商业领袖，使其能够适应国际化的商业环境，与不同背景的人合作与交流，在全球范围内开展业务。

（5）社会责任感：MBA强调培养学员们的社会责任感和伦理意识，使其在商业决策和行为中考虑社会和环境的可持续发展，规范自己的行为，能够对社会负责、对企业负责、对员工负责。

第二节　MBA学位论文的主要类型

MBA的研究方法在于过程的多样性和手段的丰富性，如不同的行业特性、不同的企业规模、不同的成长阶段等诸多前提条件的不同,决定了工商管理学研究手段、工具的丰富化和个性化以及 MBA 学位论文类型的多样性。根据 MBA 教育的培养目标和效果,本节重点介绍案例研究类和专题研究类学位论文。

一、案例研究类学位论文

案例研究类学位论文是一种研究形式,其主要特点是选择特定的实例,首先以案例的形式呈现,然后运用规范的理论方法和实践知识对其进行系统分析。通过对国内外某个典型企业的经营和管理实践、某些或某类经营管理实践的组合,以及某个具体事件或项目(例如投资、并购、营销、战略转型等)的研究,得出具有启发性的结论。

(一)案例研究类学位论文的适用条件

在决定选择哪种类型的学位论文时,需要认真思考三个问题:第一个问题是,你的研究需要回答什么类型的问题,是回答"是什么""为什么""怎么样""什么人""什么事""在哪里"和"有多少"等类型问题;第二个问题是,研究者在研究时,是否需要对研究对象及事件进行控制;第三个问题是,此项研究的焦点是集中在当前问题上,还是集中在过去发生的事上。

认真思考上述三个问题之后,需要根据不同的研究适用条件,选择合适的研究方法。而案例研究类学位论文适用于把研究的焦点集中于当前的现实问题,研究"为什么"或者"怎么样"的问题,并且不需要研究者对事件进行干预和控制,应任其自由发展。

(二)案例研究类学位论文的分类

根据全国工商管理专业学位研究生教育指导委员会(以下简称"教指委")发布的《工商管理专业学位类别硕士学位论文基本要求(试行)》,案例研究类学位论文按照企业管理实践的特征与研究关注点,主要分为描述型(也称之为平台型)和问题型(也称之为决策型)两类。

1. 描述型案例研究

描述型案例论文,聚焦于企业或其他组织发展过程中独特的管理现象或管理实践。描述型案例论文定位在解释"Why(为什么)"的问题上,注重解释案例现象及其发生的内在机理。

2. 问题型案例研究

问题型案例论文,着眼于企业或其他组织发展过程中所面临的独特管理困境或管理决策。问题型案例论文侧重于解决"How(如何做)"的问题,注重对引发案例问题的内在原因的识别分析与系统性解决方案的提出。

(三)案例研究需注意的问题

在进行案例研究时,常见的易犯错误包括不能清晰地表达思想、语言陈述缺乏逻辑序列、提供的细节过多混淆读者视线和思维,以及提供的背景信息过多或过少等。此外,还要考虑到以下几方面的问题。

1. 保持客观的写作态度

在案例论文写作中,虽然需要真实反映个人情感,但绝不能沉溺于情感的宣泄。为了确保案例论文的权威性,应保持客观态度,采用以下方法:引用有关论著、文件或采访中获取的直接引语;明确资料来源,避免产生偏见和过多同情;语言表达既不过于单调乏味,又不激发强烈感情;尽量使用客观的事实材料;按事件发生的顺序进行报道,保持前后一致;不仅描述事件,还陈述对这些事件的看法;可以在案例的开头或结尾加上自己的评论,明确案例的基本论点。

2. 进行恰当的理论分析

案例研究需要进行适当的理论分析,以提高其说服力和可读性。在案例论文的撰写过程中,建议采取以下三个步骤:第一,收集、整理实践素材;第二,通过分析研究,提炼出有价值的信息并进行反思;第三,将相关事件串联起来深入剖析,找到理论支持,写出高质量的案例论文。

3. 具备独到的见解

案例研究类论文的质量在很大程度上取决于学员的思考水平。因为选择典型事件、揭示人物心理都是从特定的观察角度和思想观点出发的。在纷繁复杂的现象中,需要发现问题、提出问题并寻找解决方案。培养这种能力没有捷径可走,只能通过长期的实践和磨炼来领悟和掌握。

4. 取材真实,不得编造修改

案例研究类论文要求必须取材于真实的企业实践,提倡采用深入企业/

行业调研获取的一手案例信息。某些情况下，出于案例对象企业保密和案例中所涉及人物隐私的考虑，在论文中可以对企业名称、人物姓名、敏感数据进行脱敏处理，但所描述的管理现象/管理实践、管理困境/管理决策必须是实际发生的，需要真实、客观，不得随意编造和修改。

二、专题研究类学位论文

专题研究类论文旨在深入分析我国经济改革中的宏观、中观和微观管理问题，运用管理学和经济学理论进行系统研究。根据教指委发布的要求，这类论文通过对特定问题的深入研究，运用定性与定量相结合的科学调查方法与管理分析工具，在对调研对象进行充分的调查、研究、分析、测算的基础上，了解调研对象的现状、性质及特点，识别制约企业发展的核心管理问题或关键因素，并分析寻找问题的成因或决策依据，在此基础上提出相关的对策建议和行动方案。专题研究类论文应主要着眼于实际应用研究，清晰阐述实际管理问题，论证解决问题的理论意义和推广价值，并对国内外相关研究动态进行深入了解和评价。

（一）专题研究类学位论文的运用原则

专题研究的重心是"研究"，研究的对象是"专题"。"专题"的基点在"题"的问题上，特点是"专"的深入、集中、专一、专注。"专题"则是指典型、特别、有代表性的问题。因此，"专题研究"指的是对典型、特殊且具有代表性的问题进行深入、专注的研究。确定研究问题是成功写作此类论文的前提。一旦确定论题，就要依据相关基础理论，收集与论题相关的文献资料、信息或数据，并运用合适的理论分析方法进行系统分析和论证，从而提出有据可依、合乎逻辑的观点、建议或对策。

（二）专题研究法的分类

专题研究法是一种系统性的研究方法，通过对特定主题进行深入研究和分析，以获取全面的理解和洞察。以下是几种常见的专题研究法类型：

1. 行业调研

行业调研是一种基于特定行业的专题研究方法，通过对行业内的趋势、竞争、机会和挑战进行深入分析，以获取行业发展的全面认识。学员可以选择一个感兴趣的行业,收集相关数据和信息,对市场规模、竞争格局、消费者需求等方面开展调研,并提出相应的战略建议。

2. 组织变革研究

组织变革研究是一种专注于组织变革过程和影响的专题研究方法。学员可以选择一个组织变革的案例,分析其背景、动机、策略和实施过程,并评估变革的效果和影响。组织变革研究可以帮助理解组织变革的复杂性和挑战,并提出相应的管理建议。

3. 创新与创业研究

创新与创业研究是一种关注创新和创业过程的专题研究方法。学员可以选择一个创新或创业案例,分析其背景、机会识别、创新过程和商业模式,并评估其成功因素和挑战。创新与创业研究可以帮助理解创新与创业的关键要素,并提出相应的管理策略和建议。

4. 可持续发展研究

可持续发展研究是一种关注企业社会责任和环境可持续性的专题研究方法。学员可以选择一个企业或行业,分析其可持续发展战略、实践和效果,并评估其对社会和环境的影响。可持续发展研究可以帮助同学们理解企业可持续发展的重要性,并提出相应的管理和战略建议。

(三)专题研究需注意的问题

这类型的 MBA 学位论文着重于深入研究,其研究对象以专题的形式呈现,即针对具有代表性和典型性的专题问题展开研究。在撰写过程中,需注意以下四点:

(1)凸显"专题"特点。专题的选择应具备代表性、普遍性和典型性等特征,通过对其深入研究,能够提供具有指导性的思路、方法、方案或措施。同时,选择专题时应保持合理的范围,避免过于广泛的主题,例如,针对企业管理、产业发展及区域经济等问题"小题大做"或者"小题深做"。

(2)体现"研究"特点。在研究的过程中应该遵循问题的产生发展、措施和政策等逻辑顺序,得出有价值的结论。

(3)慎选论文评价标准。对于专题研究类论文,研究主题以理论为主,通过运用理论观察,分析和解决现实中的经济管理问题。因此,在选择评价标准时应慎重考虑,确保与论文研究主题的理论性相符。

(4) 强调理论运用的深度。专题研究类论文要求对理论进行深入的运用,通过理论框架观察、分析专题问题,并提供实际应用的解决方案。论文的质量与深度密切相关,要求学员在论证和解决问题时能够充分发挥理论的指导作用。

通过以上几点,学员们能够在研究中体现专题的独特性,同时确保理论的适切应用,从而为解决实际问题提供有价值的研究成果。

第三节　MBA 学位论文的写作

一般来说,MBA 学位论文主要是以企业为研究对象的案例或实证研究的一种形式。MBA 学位论文的写作一般从全部课程结束时开始,整个论文分为五个阶段完成,即论文选题、开题报告、论文撰写、专家评阅和论文答辩。

一、MBA 学位论文的写作流程

MBA 学位论文写作能够反映出所培养管理人员的学术水平、逻辑思维、工作作风、语言表达能力等,是保证人才培养质量的重要手段。之所以要写 MBA 学位论文,主要目的有三:第一,获得学位。论文写作是获得学位的最后一个环节。第二,总结学业。通过论文写作,学员们熟悉并掌握工商管理研究的基本方法。这包括在调查研究中学习分析主要矛盾、抓关键因素;进行典型剖析、实证研究;运用数理统计手段,开展定量预测研究;以及学会比较研究。从实际情况出发,在对比中提出有针对性的对策等。总体而言,MBA 学位论文写作是对所学各门课程的综合和归纳。第三,事业发展。MBA 学位论文写作有助于综合利用基本理论和知识,提高发现问题、分析问题、解决问题的能力。通过这个过程,学员们能够培养自己作为 MBA 研究生应有的应变、判断、决策等实际工作能力,为未来的事业奠定坚实的基础,为今后的职业生涯提供方向。

MBA 教学一般包括课程教学和学位论文两个阶段。按照全国 MBA 教育指导委员会的统一安排,课程学习时间为一年半左右。课程教学实行学分

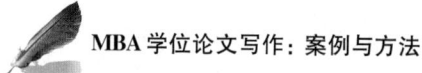

制。在课程学习结束并取得规定的学分后，进入学位论文阶段，一般在第三至第五学期进行。论文实际写作时间不少于半年。学位论文应在导师的指导下，通过学员自己的研究独立完成。

对于 MBA 学位论文的写作，建议论文思考或动笔越早越好，应主动积极，切忌被动。最好从入学的第一天就开始考虑，第二学年开始马上开题，开题以后立刻开题答辩（如果你事前写好的话），只有把节奏适当加快，才不会出现很多人最后不得不为赶出论文而熬夜那么痛苦。最后，论文写作便是水到渠成、自然而然的事情。

二、MBA 学位论文的写作设计

只要一提到 MBA 学位论文的写作，学员们或多或少会条件反射地想到论文构思，即论文结构框架如何架构，这也就是写作设计。MBA 教育与普通硕士教育在培养模式上存在显著差异，这决定了 MBA 学位论文写作具有独特的要求，需要牢牢把握并灵活应用。以下是 MBA 学位论文写作的基本步骤和要点：

（一）明确方向，确定选题

在论文写作中，选题是首要步骤，也是最为重要的一环。良好的选题能够激发学员的研究热情和欲望。选题应结合个人兴趣和对选定题目的了解程度，应选择自身感兴趣的方向和领域，以确保在写作过程中能够保持动力。同时，基于工作经验或所在企业行业选择论文选题，能够使研究更具实践性。

（二）深入研究，明确题目

选题确定后，需要广泛搜集相关文献，并在文献检索的过程中明确研究背景和现状。通过深入研究，明确论文选题的研究价值，并便于后续撰写论文的研究背景。确定题目时，要限定研究对象的范围，使题目简练明确。同时，反复推敲题目，确保满足论文的要求。

（三）收集资料，撰写内容

在论文开题阶段，需进行资料收集。不同论文因选题不同，所采用的研究方法各异，但资料的广泛收集是共同的。资料收集过程中，要及时分类整理，剔除不需要的信息。同时，制定写作大纲，确保对每部分内容有清晰的了解,以便后续的撰写。对于 MBA 学位论文,要注重实际问题的研究,避免理论和概念的过多堆砌。

(四)论文修改与完善

在论文写作过程中,要注意与导师保持联系,积极沟通,并吸取导师的意见和建议。论文完成后,加以必要的修改和完善。论文用语要规范,避免口语化表达。学员们之间可以相互阅读论文,标记用语不规范的地方,并进行修改。论文的反复修改是确保高质量的必要步骤。

(五)查重与确保论文质量

现阶段高校对毕业论文的查重越来越严格,学员们要对论文的重复率进行自测,使用正规的论文检测软件,如中国知网论文重复率检测等。按照自测结果,对重复字句或段落进行针对性修改。学员们应慎重对待查重,确保论文可以顺利通过学校的检测环节。

第二章
MBA 学位论文的选题与开题报告

第一节　MBA 学位论文选题的类型与原则

一、选题类型

MBA 学位论文不仅要保证论文写作的现实意义,而且要突出其专业性,本书根据教指委要求,将 MBA 学位论文选题分为案例研究类和专题研究类两大类。依据上海大学 MBA 硕士研究生培养要求,将专题研究类论文又分为企业诊断类和实证研究类两个小类(具体定义见第五章)。

(一)案例研究类

案例研究类论文通常是"以结构化的文字载体,真实、客观、系统地剖析企业组织在特定内外部情境下的独特管理实践"。根据教指委发布的要求,结合学位论文的撰写要求,案例研究类论文一般需具备如下要素:① 论文选题所涉及的企业组织内外部情境的客观描述;② 与论文选题直接相关的企业组织独特管理实践的结构化展现;③ 有针对性的管理问题分析;④ 科学务实的管理解决方案设计;⑤ 符合学位论文的结构和写作等规范要求。

(二)专题研究类

专题研究类论文聚焦"专题",是一种以特定主题为基础进行深入调查和分析的学术论文。这种类型的论文通常要求对某个管理、商业或组织问题进行全面研究,以便提出深刻的见解、解决方案或建议。

二、选题标准

根据教育指导委员会发布的要求,论文选题一般应来源于企业组织的管理实际,所选主题能够反映企业组织的管理实践,或是同一类企业组织亟待研究和解决的实际管理问题,因而具有研究价值。为保证学位论文的质量与研究价值,要求选题应尽可能细化和聚焦,选题标准可参考以下几点:

(1) 一般应以企业组织作为研究对象,该企业组织可以是一家企业,也可以是面临共性管理问题的一类企业。

(2) 选题要聚焦,要明确论文拟解决的核心问题是什么、问题产生的根源以及解决该问题具有的价值;要"小题大做"和"小题深做",注意避免选题过大的问题。

(3) 选题所聚焦的管理实践问题,在目标企业组织现有管理环境与资源条件下,存在一定的可解决空间。

(4) 针对选题所关注的管理问题,研究者应具备收集相应数据资料的条件(如具备实施访谈或开展问卷调查等条件)。

(5) 论文的选题一般应与我国各类企业经营管理能力提升与高质量发展要求紧密结合。建议 MBA 学员选取本人所在企业或产教融合培养环节所在企业(如:实习实践基地单位)作为论文分析对象,倡导和鼓励学生通过撰写学位论文理清工作思路,提升对工作单位管理实践的归纳总结、管理问题的分析和解决,传播中国优秀管理实践的经验。

(6) 论文中涉及企业组织相关的商业计划书、可行性报告以及行业研究报告、管理制度建设等实际管理工作内容时,要在符合相应的法律法规下合规使用,脱敏处理当事企业组织的内部数据,注意保护商业秘密。

三、标题撰写原则

论文的题目,也称为标题或题名,是学位论文最为精华的部分。有很多同学在撰写学位论文时不够重视标题,可能在论文写作接近完成时再临时"加"一个题目,这样的方式是不太合适的。一个好的题目有着画龙点睛的效果,能让评阅专家眼前一亮,产生好感。在论文答辩中,有些专家常常会对论文的题目提出质疑,对文章的内容更持怀疑态度。因此,在文章刚开始写作时就为其取一个合适的题目是非常必要的。以下是撰写论文题目的原则:

(一) 符合学位论文的形式要求。通常情况下,学位论文的题目要求不超过20个汉字,包括副标题和标点符号在内不超过36个汉字。各高校可能会有更详细的要求,因此,一定要按照具体要求撰写题目。

(二)充分表达论文内容。题目应以最适当、最简明的词语,反映论文中最重要内容的逻辑组合,能够概括整篇论文最重要的内容,对全篇论文有统领作用。如果简略的标题不足以显示论文内容或反映出属于系列研究的性质,则可以利用正标题、副标题的方式来解决。

(三)概念文字不多不少。一个好的论文题目一般包括三四个概念。例如,"基于平衡计分卡的××试验检测公司绩效评估体系研究"这个题目很贴切,一看就知道论文要研究的内容:文章运用"平衡计分卡"对"××试验检测公司"进行"绩效评估"。对象、目的、方法都清晰准确,没有多余的字眼,研究问题也具有实际意义,符合专业学位论文的要求。

(四)避免使用不常见的缩略语、字符代号和公式等。一些行业内部用语容易产生歧义,要尽量避免使用。应使用社会上公认的术语。比如,某论文将"通过邮政网络销售农资"描述为"网络销售",这是一种将销售和送货整合在一起的营销模式。然而,若使用"网络销售"这一术语,可能会让人误以为涉及物流配送的问题。

第二节　MBA学位论文选题的方法与注意事项

一、选题方法

选题的第一步就是发现问题。发现问题往往是一个论文课题的开端,也是所有论文工作围绕的主旨,最终要通过研究结果和严谨论证来达成的研究目标正是解决问题。MBA领域可讨论的问题很多,来自不同行业背景、不同职位的MBA学员往往面对论文写作遇到的第一个难题是不知道怎么来确定选题。

(一)论文选题的指导思想

MBA的学习属于专业学位教育范畴,其论文结构与学术型硕士学位论文有很大差异。学术型学位论文强调的是科学验证,需要验证某一个变量和另外一个变量之间的关系,要耗费大量人力、物力去调查取证,设计、发放问卷,设计精巧、可行的实验,并需要论证研究的可靠性。这类论文的研究过程十分严谨,每一个研究都是一个严密的逻辑推理过程。

而 MBA 专业学员撰写学位论文主要是为了解决企业管理过程中产生的实际问题。学位论文解决上述实际问题的过程,实质上便是将所学管理理论应用到企业日常实践的过程。基于此,确定论文选题一般采取三点式结构:

(1) 坚持问题导向,针对某一个单一问题点展开,不用面面俱到。

(2) 要有对应的明确的理论加以指导,理论与问题要呼应。

(3) 体现管理理论的应用,给出针对所提问题的解决方案。

"问题—理论—解决方案"的三点式结构主要强调三者之间的呼应,解决方案要呼应前面的理论,理论要解决实际问题。理论和解决方案是互相对称的,理论的架构决定了研究方案的设计,解决方案对应的是问题点。问题分析实际上是在理论框架的支持下提炼问题。所以这三者不断呼应、不断循环,而学位论文就是在这样的循环过程中,将问题、理论、解决方案越来越清晰地呈现出来。

在思维方式上,首先需要发现问题,从初始疑问出发,通过"疑问—回答"的方式,层层提出疑问。上一层次是对下一层次思想的概括、总结,下一层次是对上一层次思想的解释、支持。对纵向上提出的层层疑问,需要横向结构进行回答。同时,横向上的每一组思想,都必须属于同一逻辑范畴。

(二) 论文选题的具体方法

1. 浏览捕捉法

第一步,在选题之前,必须大量阅读文献。通过文献阅读,查找当下研究前沿中重要的观点、论据,以便为自己的论文提供必要的支撑。在阅读过程中,对于重要的文献,要做好精读。通过思维导图等方法,记下文献的大纲、论点、论据及重要的数据和好的表达方法。当然,笔记记录时要做到纲举目张,要有选择、有重点。

第二步,将阅读所掌握的 MBA 知识,进行汇总、分析、整理与整合,从中寻找问题、发现问题。

第三步,将自己在工作实践中的体会与资料加以比较,进行全方位的分析归整,最终确定自己的写作题目。

2. 追溯验证法

第一,看自己的设想是否可以填补目前的研究空白。自己提出的研究问题(设想)应该是当下的研究中没有出现或者比较少见,或者能解决企业面临实际困难的问题。

第二,如果自己的设想在既有研究中并未发现或比较少见,但目前自身掌握的理论尚不足以对设想进行充分的讨论和论证,考虑学位论文完成时间的要求,则应该重新构思自己的研究问题。

第三,要善于捕捉"一闪之念"和"小题大做",抓住日常工作中产生的灵感和小的问题,并扎实开展研究。在查阅文献或现场调查、调研的过程中,有时很容易就观察到细微的现象并产生思维火花。尽管这种想法可能会比较简单,也不要放弃,也许这便是一个非常值得研究的问题。

二、选题需注意的问题

(一)专著型论文

一些MBA学员由于对论文选题理解不清容易形成一些论文写作的误区。由于对理论理解不到位,许多学员喜欢收集各种理论,然后将理论堆砌起来,拼凑成一篇类似专著的论文。这类论文就像一本教科书,每一类理论都会提及。它看似很全面,但是文章没有问题点,造成论文内容不聚焦、不具体、不深入。

(二)行业研究报告、企业内部报告

有些同学深耕行业数年,对行业发展的各种问题深谙于心,在论文选题时容易剑走偏锋,将论文写成行业研究报告。行业研究报告虽然罗列了许多问题,但是由于没有论证,并不能体现作者对问题的思考。专业学位的硕士论文是要发现现实的管理问题,然后加以解决,而不是撰写行业研究报告。同时,也要避免将学位论文写成企业内部报告。例如,有些学员在企业中负责管理工作,聚焦于精益管理,于是便把企业精益管理的整个过程展示出来,这样的企业报告也不符合论文写作的要求。

MBA学员要选好学位论文题目,不仅需要一定的管理理论知识,还需要结合具体的工作实践。要在论文写作过程中反复将观点、内容与选题、标题相结合。选题恰当与否直接影响学位论文的质量,关系论文的成败。在选题过程中,一般有12种常见问题,如表2-1所列。

表2-1　论文选题过程中常出现的问题及示例

序号	选题常出现的问题	具 体 示 例
1	题目太大	企业应对金融危机的方法
		中国企业创新思路探究
2	题目太小	财务软件开发企业研发团队管理的效果评估
		A公司项目管理办公室的组建方式研究
3	题目空泛	A企业产品开发市场战略研究
		A企业存在的若干问题研究
4	题目冗长 (不应超过20字)	××银行××分行股份制改制时期人力资源绩效考评系统的研究(修改建议:××银行××分行人力资源绩效考评系统研究)
		国退民进:中小企业走出困境的新路——××集团公司××改革的实践与探索(修改建议:××集团公司××方案研究)
5	以研究领域 为题	A企业市场营销研究
		A企业项目管理
6	偏向理论研究	基于模糊集的员工绩效评估方法研究
		某企业组织绩效因素分析
7	选题过难	我国国有企业改革历程及其方向研究
		私营企业融资难及原因分析
8	选题陈旧	中国加入WTO的利弊及对机械工业的影响与对策
		"互联网+"环境下××集团市场营销策略研究

续 表

序号	选题常出现的问题	具 体 示 例
9	题目不符合专业要求	××地区江河道管理研究
		制造业企业全要素生产率影响因素的实证研究
10	随大流或赶时髦	数字经济时代数字货币研究
		人工智能背景下公司战略转型研究
11	用词不当	××公司××现状与问题浅析 (试论、浅析、初探、思考、探索、刍议等措辞均不适用于论文题目中,使用"研究"为宜)
12	使用领导讲话或新闻报道式的题目	全员参与管理、提高市场竞争力,践行社会主义核心价值观,打好节能减排攻坚战

第三节　MBA学位论文开题报告的流程与意义

一、MBA学位论文开题报告的流程

撰写开题报告可以使学员进一步明确论文的研究内容、研究思路和研究方向。通过系统性的文献综述,同学们对自身研究的可行性进行充分论证,并依据论文的工作量科学制订相关的时间节点安排。一般来说,自论文开题起至提出学位论文答辩申请,时间跨度至少应达到12个月。

（一）阅读文献

在选题之后,论文的研究方向基本确定,可以开始通过文献检索,了解当前研究主题的最新研究现状,思考研究的可行性、独特性。最重要的是通过当前文献研究的情况,说明论文选题的依据。

（二）确定研究目标

研究目标主要是指通过研究,对研究对象采取一定的方法或手段,解决出现的问题,从而达到的目的,一般包括理论目标和实践目标。研究目标要与研究内容有关联。所谓研究内容,是对研究目标的具体化,它指的是实现

研究目标所需要开展的具体研究工作。这一部分可概括地写，但应注意研究内容和研究目标之间的呼应。

（三）研究方法

开题时常使用的研究方法有文献资料法、问卷调查法和比较分析法。

1. 文献资料法：通过收集文献、整理相关研究资料，为研究做准备。

2. 问卷调查法：通过走访调研、设计调查问卷、对问卷的数据进行统计学分析等方法，认识该研究主题的现状、存在的问题和解决办法。

3. 比较分析法：比较国内外不同区域之间的差别，从中找出改进的对策。

（四）研究手段（技术路线）

在开题报告中撰写研究可行性时，最主要的是要说明拟采用的研究手段（技术路线），并将具体的技术路线绘制成图（称为技术路线图）。技术路线图是解决研究内容所使用方法的概括。通过阅读技术路线图，便能对如何解决研究问题有清晰的认识。

（五）工作进度安排

开题报告中的时间进度安排，要结合MBA学位论文的实际情况，及时作出调整，主要包括各个时间节点以及每个节点需要做的事情。

二、MBA学位论文开题报告的意义

开题报告是MBA学员对自己科研论文的一种文字性说明材料，也是通过文字体现论文的总体构想，开题报告有助于论文写作的顺利开展。开题报告的质量对MBA学位论文的水平高低有重大影响，而学位论文的质量是衡量MBA学员培养质量的重要标志。

从MBA学员自身的角度来讲，请导师对自己的研究思路提出评审建议，有利于及时发现问题、纠正思路，从导师那里获得更多的帮助。通过开题报告，MBA学员将会对自己的研究内容有一个更深层次的理解，从而使论文选题的目的更加明确，研究重点更为清晰。开题报告既是MBA学员进行论文写作的理论回顾和前瞻分析，同时也是科研素质以及科研能力培养的一种有益实践。

开题报告是保证学位论文质量的前提，其内容包括选题的目的、意义和

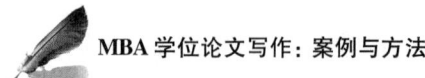

必要性，对论文的书写起着重要的引领作用，同时，开题报告也探讨了论文选题在实际应用上是否具有一定的社会价值。"好的开始是成功的一半"，好的开题报告也是优秀学位论文的基础。

开题报告可促使 MBA 学员做好各项论文准备工作。为使开题报告顺利通过，学员需要在开题报告前做好一系列的准备工作，同时也要求 MBA 中心和导师对学员的选题严格把关。对于选题合适、方法得当的学员批准论文开题；对于尚有不足的就要求再进行修改补充，重做开题报告。这样才能从一开始就体现出对学位论文质量的高度重视。因此，做好开题报告是保证学位论文质量的第一步。

开题报告可使选题范围、目的更加明确。为了做好开题报告，MBA 学员需进行大量的调查研究，查阅与选题内容相关的文献资料；了解国内外研究现状，目前的研究重点、研究方法以及还有哪方面的不足；了解目前现有的理论和进行研究的条件和手段。只有通过这一系列的准备，选题的目的才能更明确，也能更高效地进入论文撰写阶段。

开题报告起到了学术交流的作用。在导师以及专家的指导下，学员更能发现自己的不足，通过开题报告时的学术交流可丰富自己的专业知识，开阔眼界，充分了解选题的可行性和实用性，为后续的研究工作提供良好的基础，撰写出高质量的学位论文。

第四节　MBA 学位论文开题报告的内容与常见问题

一、MBA 学位论文开题报告的内容

开题报告是学员在导师指导下，在认真查阅文献资料的基础上撰写的，也是确定论文思路及主线的重要活动。开题报告的内容应包括如下几方面：

（一）绪论

绪论主要包括：研究的背景、研究的目的与意义。绪论部分应该简明清晰、详略得当，突出研究重点从而加深读者印象并与结论形成呼应。绪论是读者对 MBA 学位论文的第一印象,可以反映出选题的优劣以及对该选题所做的准备工作。

(二) 文献综述

在这一部分列出围绕研究题目已经阅读的和准备阅读的相关文献目录,指出与选题相关的主要理论范畴。需要注意以下几点:一是在准备开题报告时,必须要有一定的阅读量,只有在阅读一定量的相关文献的基础上,才有可能对论文的选题有一定的把握,因此要列出已读及将读的主要文献;二是参考文献目录不必求全,在论文写作过程中,还会补充新的参考文献。文献准备要突出论文的理论依据,包括主要概念、理论和分析方法等;三是关于具体文献综述的主要内容:在选定的题目上,国内外学者的研究有哪些有价值、有意义的成果,有的成果还存在哪些不足需要进一步探讨,或者对这一问题的研究还可以采用哪些更好的方法。

(三) 论文研究的创新点

有创新点是硕士学位论文的基本要求之一,在写作 MBA 学位论文时自然也要考虑。硕士学位论文中的创新是要求毕业生要有自己的观点或者全新看法,或者对前人研究有新的看法都可以,然后再用所学知识进行论述。那么 MBA 学位论文如何寻找创新点呢?

第一,重新整理过去的文献,即对以前的相关研究进行文献梳理并综述,在这个过程中有可能从整理中获得灵感,或是从文献回顾中整理出头绪。

第二,对于定义各种问题的词语或句子保持好奇的态度,可以发挥想象力,查工具书或专门的书籍,找出关键词与同义词,明确这些用语的意义。只有知道术语或用词的意义时,才能从中选出所需要的词语,在写论文的时候也可以更精准地用词。

第三,在思考时可以将一般逻辑性的概念区分为不同种类,在学会分类技巧后,再往下延伸就是将来论文可能发展的方向。

第四,观察力、敏锐度也是非常重要的能力,细心观察可以看到事物的反面,考虑事物的另一角度也可以激发想象力,研究对比客体也有助于掌握研究主体不同方面的内容。

第五,利用微观与宏观的角度看待事物,可以知道其中的脉络与细节。

第六,用比较的方式可以发现许多线索,如可以进行空间上的横向比较或者时间上的纵向比较。

(四)基本思路及研究框架

MBA学位论文是"问题导向的",即强调分析或解决实际问题。因此无论采取哪种论文形式,也无论使用什么具体方法,一般都遵循和贯彻如下基本思路:确定研究对象→明确要研究或解决的问题→搜集相关资料和信息→选择拟采用的分析和研究方法→具体的分析过程及结论→解决问题的可选方案→对策与建议。

同时编写论文大纲,主要包括论文的章、节、目。在开题报告中如果列不出目,至少要列出章和节。要注意的是,要按照论文的撰写格式初拟论文提纲。

(五)主要参考文献

参考文献对开题报告质量的评审起着至关重要的作用。评审老师可以通过附录的参考文献看出,该同学对所研究的问题是否具有充足的准备及了解。

(六)论文预期成果及进度

论文写作进度表,要按时间顺序分阶段列出(见表2-2)。

表2-2 MBA学位论文的写作进度推荐模板

序号	论文成果和进度	完成时间
1	学员确定研究题目或研究方向并确定指导教师	第一学年结束前
2	开题报告经指导教师审核通过后提交	第二学年开学
3	开题报告答辩并反馈修改意见	第二学年第二月
4	论文第一稿提交至指导教师及反馈意见	第二学年第四月
5	论文第二稿提交至指导教师及反馈意见	第二学年第六月
6	论文第三稿提交至指导教师及反馈意见	第二学年第七月
7	提交定稿论文及指导教师的"论文评审建议表"至MBA中心	第二学年第八月

续 表

序号	论文成果和进度	完成时间
8	预答辩及反馈修改意见	第二学年第十月
9	送盲审及反馈修改意见	第二学年第十一月
10	正式答辩及反馈修改意见	第二学年第十二月
11	修改定稿及提交	第二学年第十二月

二、MBA学位论文开题报告的常见问题

通过对往届MBA学位论文指导过程的分析,开题报告中常出现的问题可总结如下:

(1) 对论文选题的意义表述不清,不能说明选题的意义;

(2) 题目选择过于宏观,导致后来论文写作中出现"大题小做"的缺陷;

(3) 开题报告的内容陈述得过于详细,导致开题报告变成了一篇完整的论文,从而失去了验证理论的作用;

(4) 没有在开题报告中明确表明应用何种方法进行研究,反映了自身不清楚在论文中应该使用何种研究方法;

(5) 参考文献的标注不符合标准,参考文献过少或过于陈旧,不能很好地反映论文研究的基础。

(6) 论文的时间进度安排得不合理,计划不周密,缺乏可行性。

第三章
文献检索与文献研究

第一节 文献分类及文献来源

在学术研究中,弄清文献分类及其来源对于构建论文的研究框架和深入了解某个研究专题至关重要。文献的检索和分类,是研究者获取信息、了解前人研究成果的主要途径。通过对文献的系统分类,学员能够更好地梳理和了解相关领域的研究进展,为论文写作提供坚实支撑。

一、文献资料的分类

MBA学员若想撰写高质量的学位论文,势必离不开文献资料的收集和整理。按照论文写作的时间顺序,需要查找的文献资料大致可分为以下五类:

(一)论文写作所需参考的各类教材与论文

这类资料包括教材(尤其是研究问题相关领域的教材)、各类数据库中的学位论文或期刊论文,以及有关论文写作要求等。例如,如果要撰写与企业日常运营管理相关的学位论文,就需要深入阅读运营管理领域的经典教材,通过各类数据库检索数十篇与企业运营管理相关的期刊论文,同时还应查阅相关的博士和硕士学位论文。只有通过充分的文献阅读,才能明晰文章写作的内容和规范形式,从而培养基础写作能力。

(二)宏观经济资料

在进行环境分析时,宏观经济资料是不可或缺的重要组成部分。这些资料不仅包括国民经济整体发展的数据,还应涵盖政策、法规、发展趋势等方面的信息。将过去数年的经济数据整理成表格的形式有助于提高环境分析的可信度。

（三）行业资料

如果企业能够深入了解所处行业，制定的战略就更符合实际情况，从而提高企业成功运营的可能性。MBA学位论文的目标在于解决企业面临的实际问题，因此学员们需要广泛阅读行业资料，以更清晰地了解研究问题。这些行业资料涵盖了整个行业的状况、主要指标以及竞争对手等方面的信息。

（四）企业整体资料

从宏观角度来看，企业是由多种要素构成的有机整体。无论MBA学员研究的是企业的哪类问题，都应该对企业的整体有深刻的了解。MBA学员需要收集的企业整体资料包括概况、发展历程、组织结构、经营指标以及主营业务介绍等。

（五）企业内部研究资料

由于MBA学位论文通常侧重于特定领域的深入研究，学员们需要有目的地收集相关资料。以运营管理为例，可能需要了解企业的运营状况、具体运营流程以及在运营过程中产生的数据和资料等方面。通过全面分析这些资料，才能深入了解研究内容，更有针对性地提出改进措施。

二、文献的收集及来源

根据不同的划分标准，文献的内容与来源多种多样。按不同的分类标准可以分为不同内容，但文献的内容与来源大致可分为出版物和网络资料等。表3-1所列为论文写作中常见的文献资料来源与文献特征。

表3-1 常见的文献类型、来源与特征

文献类型	文献来源	文献特征
出版物	图书	文献信息系统、全面、成熟、可靠
	期刊	内容新颖，信息量大，出版周期短，传递信息快，传播面广，时效性强
	科技报告	内容新颖、详细、专业性强，出版及时，传递信息快

续　表

文献类型	文献来源	文献特征
出版物	会议论文	代表某一学科的新进展、新发现、新成就以及新设想
	学位论文	论述详细、系统、专深
	政府出版物	各国的方针政策、经济状况及科技水平的官方信息
	报纸	传递信息快，信息量大，现实感强，传播面广，具有群众性和通俗性
网络资料	百度	全球最大的中文搜索引擎
	谷歌	支持多语种的最优秀搜索引擎之一
	AB/INFOFM Complete	全面覆盖重要的商业经济与管理性学术期刊数据库
	EBSCO	学术期刊和商业信息网络版数据库
	PQDT 学位论文	收录欧美国家 2 000 余所知名大学的优秀博硕士论文
	中国期刊网	提供中国期刊全文数据库、重要报纸全文数据库、中国引文数据库等数据库
	中国知网学术总库（CNKI）	提供 CNKI 源数据库、外文类、工农医药卫生类等多种数据库
	人文复印报刊资料全文	收录 1995 年至今公开发表的人文科学和社会科学中各学科、专业的重要论文和重要动态资料的全部原文
	中国宏观经济信息网	由 18 类大库、14 类中库组成，是目前国内门类最全、分类最细、容量最大的经济类数据库
	国务院发展研究中心信息网	大型经济类专业网站，全面整合了中国宏观经济、金融研究和行业经济领域的专家学者以及研究成果

第二节　文献检索的方法与工具

文献检索是指通过特定的文献检索工具和方法，在广泛的文献集合中查找与用户需求相关的文献信息或线索的过程。这一过程依赖于各种文献检索工具,这些工具按照一定的组织方式构建了关于特定主题的知识合集。文献检索并非仅仅搜集原始文献,还包括对原始文献进行整理和加工后形成的"二次文献"或"三次文献"。

一、文献检索的方法

文献检索的目标是根据特定的检索策略、按照检索要求,迅速而准确地寻找到所需的文献信息。由于检索者对问题的了解程度、研究方法和经验的不同,可能采用各种不同的检索方法。一般情况下,文献检索方法主要包括以下七种:

(一)时间顺序法

时间顺序法是指检索者按照时间先后的顺序,利用检索工具检索文献。这种方法适用于某些范围较大、内容复杂的课题的文献检索,因为时间顺序法能够系统地查询某一课题的文献,不容易遗漏。然而,该方法的缺点是检索工作量较大。研究者开始进行某一课题的研究时,需要了解其发展的全过程,因此可以使用时间顺序法从课题开始的年代开始逐步查询。

(二)时间逆序法

时间逆序法与时间顺序法相反,是检索者按逆向时间的顺序,使用检索工具检索文献。这种方法适用于新课题立项前的前期调研,因为时间逆序法是从搜寻近期文献开始,从后往前查找直到满足检索者的基本需求为止。使用时间逆序法可以最快地获取最新文献和资料,而最新的文献和资料一般不仅涵盖了前期成果,还反映了最新的研究水平和学术动向。因此,使用时间逆序法的工作量较小,检索者可以根据最新文献快速了解某一问题的发展过程和最新进展,但需要谨慎使用以避免遗漏重要的具有里程碑意义的文献。

(三)重点检索法

重点检索法是检索者根据某一检索课题的特点,选择相关文献信息出现频率最高的时段,使用检索工具重点检索文献。重点检索法适用于在某一学科中有清晰发展阶段的、在某一领域中有显著研究热潮的和在某一时段某一事物频繁出现的课题。由于重点检索法的核心是高效检索以获取大量有效文献,因此用时较少,工作量也较小。然而,可能受到检索者对检索课题认知广度和深度的限制,存在遗漏某些重要文献的风险。

（四）循环检索法

循环检索法又称为分段法,是指检索者在使用检索工具进行常规检索的同时,根据文献末尾的参考文献查找引用的文献原文,循环交替使用来检索文献。检索者先利用检索工具检索到一些文献,然后根据文献末尾的参考文献和参考资料为线索检索文献原文,如此循环往复,直到满足检索者的检索要求为止。这种方法可以确保所查资料较为全面、系统。

（五）排除法

排除法是指检索者根据对某一课题的认知水平,排除某些检索对象。然而,排除法与重点检索法相同存在缺点,可能由于检索者对检索课题认知的广度和深度有限,导致遗漏一些重要文献。

（六）限定法

限定法与排除法相反,指检索者限定检索对象在某些时间段和某些空间区域的产生和存在,从而极大地缩小检索范围,高效地检索文献。限定法的缺点与排除法相似,在使用时不同检索者对课题的了解程度不同,检索结果也不尽相同。

（七）综合检索法

综合检索法是指将不同来源资料中涉及的所需信息截取下来,汇集在一起,并经过去粗取精、去伪存真的加工,构成一个完整的答案。这种方法保证了所查的资料较为全面、系统。

二、文献数据库

随着计算机和互联网的迅猛发展,传统的文献检索工具难以及时跟进知识爆炸式的增长速度。在此,推荐几种高校一般都具备的常用数据库,方便学员们利用。

（一）常见中文数据库

1. 中国知网（CNKI）

中国知网是一个大型综合性数据库,涵盖基础科学、文史哲、工程科技、社会科学、农业、经济与管理科学、医药卫生、信息科技等十大领域。综合性数据库包括中国学术期刊全文数据库、中国重要报纸全文数据库、中国重要会议论文全文数据库、中国博士学位论文数据库和中国优秀硕士学位论文全文数据库。这些数据库提供初级检索、高级检索和专业检索三种检索功能，其中高级检索功能是最为常用的。

2. 万方数据库

万方数据库是由万方数据公司研发的一种综合性数据库。自其建立以来，已陆续推出了四大类 13 个系列的科技和工商类数据库。该数据库涵盖了论文、期刊、学术成果、会议纪要和会议论文等多种文献形式，集结了理、工、农、医、人文五大类，共包括 70 多个类目，是一个庞大的网络数据库。

3. 维普中文科技期刊数据库

维普中文科技期刊数据库创立于 1989 年，广泛覆盖农业、工程技术、社会科学、自然科学、经济、教育、图书情报和医药卫生等 14 000 余种科技期刊数据资源。根据《中国图书馆分类法》进行分类，这些文献被划分为农业科学、工程技术、社会科学、自然科学、经济管理、图书情报、医药卫生和教育科学等八大类。

（二）常见外文数据库

1. 美国《工程索引》(The Engineering Index，EI)

EI 创建于 1884 年，是由美国工程情报公司(Engineering Information Inc.)编辑出版的全球著名大型、综合性的工程技术类检索工具。作为工程技术领域最广泛使用的检索工具之一，EI 具有综合性强、涉及面广的特点。其文摘主要收录期刊论文和会议文献，其他类型文献的比例相对较小。

2. 美国《科学引文索引》(Science Citation Index，SCI)

SCI 创建于 1957 年，由美国科学情报研究所编辑出版。SCI 以其独特的编辑方式、综合性强、广泛涉及的特点而著称。通过计算论文的被引用频次，SCI 对科研成果和学术期刊进行多方位评价研究，被公认为国际上最具权威的科技文献检索工具之一。

3. 美国《社会科学引文索引》(Social Sciences Citation Index，SSCI)

SSCI，为 SCI 的姊妹篇，亦由美国科学信息研究所创建，是世界上可以用来对不同国家和地区的社会科学论文的数量进行统计分析的大型检索工具。1999年，SSCI全文收录1 809种世界最重要的社会科学期刊，2009年，收录期刊增至2 684种，内容覆盖包括人类学、法律、经济、历史、地理、心理学等55个领域。收录文献类型包括：研究论文、书评、专题讨论、社论、人物自传、书信等。

三、文献数据库检索方式

使用文献数据库检索文献时，首先需要选择使用的文献数据库，然后选择检索方式，最后进行检索。选择文献数据库时，可以选择多个数据库进行跨库检索，也可以直接点击某个特定的数据库进行单库检索。一般来说，文献数据库的检索方式有初级检索、高级检索和专业检索三种检索方式。

（一）初级检索

初级检索是通过一个或多个检索框进行检索的方式。在同一检索框内，不同检索字段之间采用逻辑"或"的关系，而在不同检索框之间则采用逻辑"与"的关系。初级检索允许对学科范围、时间范围、检索词的命中方式（精确检索或模糊检索）等条件进行限定。检索结果按时间和相关度排序，并支持在检索结果中进行二次检索。

（二）高级检索

高级检索是通过构建布尔检索式在所有字段中进行检索的方法。它允许对学科范围、选择的数据库、关键词在特定字段中出现频率、检索词的命中方式（是"精确检索"还是"模糊检索"）等条件进行更为精细的限定。检索结果同样按时间和相关度排序。

（三）专业检索

专业检索是通过使用命令方式构建检索表达式进行检索的方法。这种方式适用于专业检索人员，因为需要在命令行中合理使用检索字段和检索运算符输入检索策略。例如，"作者＝张三 and 中文刊名＝管理世界"表示要检索作者为张三、期刊名为"管理世界"的文献。

完成检索后，可以浏览检索出的题录、文摘和全文。若检索成果信息过多，还可以在检索结果中进行二次检索，以缩小检索范围，提高检索成果的相关性。文献数据库通常提供各种相关链接,包括但不限于相关文献作者链接、相关评论链接、同类文献题录链接和相关研究机构链接等。此外,还可保存和打印检索结果,或通过邮件发送至用户的邮箱。

第三节 文献综述的写作与常见问题

对于MBA学员来说,学位论文的成功意味着对现有知识的深入挖掘和创新性突破。在着手论文撰写之前,充分了解当前研究现状至关重要,可以避免重复劳动。无论选择何种研究主题,都已存在与之相关的研究。科学研究的突破通常建立在前人的基础上。因此,文献综述的目标之一是通过系统回顾现有研究,充分学习前人的研究理念;此外,则是通过文献综述阐明自己的研究与现有研究的差异。为了事半功倍地完成文献综述,需要制订详细的写作计划。

文献综述是针对某一学科、某一方面的专题,通过收集大量资料并进行综合分析而成。文献综述反映了某一领域、某一分支学科或重要专题的最新进展、学术见解和建议,通常能够揭示相关问题的新动态、新趋势、新水平、新原理和新技术等。

一、文献综述的写作要求

(一)文献综述的格式

文献综述与理论基础通常都位于MBA学位论文的第2章,也有可能独立成章。其主要内容涵盖了与研究相关问题的起源、发展历程、前景展望以及对上述方面的评论。因此,文献综述的格式相对自由。一般而言,文献综述包含引言、正文、总结(文献述评)和参考文献四个主要部分。为确保文献综述内容充实完整,在实际写作前,可以根据这四个部分制定提纲,随后按照提纲进行撰写。

引言作为文献综述的开篇,通常需要通过简要的文字段落说明文献综述的范围、相关概念的定义以及当前对研究问题的争议焦点。也可以列举与学位论文密切相关的系统性综述文章,供评阅人参考。

正文是文献综述的核心部分,其写作形式并无特定要求,只需清晰表达文献之间的关系,阐明现有文献的发展现状和采用方法的优劣。作者可以根据个人表达风格创造各种形式。文献综述的正文通过总结已有文献,比较不同学者对相似研究问题的观点,逐步解释自身研究问题的发展历程,并提出独特见解。由于 MBA 学位论文可能涉及多个研究问题,因此正文可根据不同研究方向分为若干小节。

总结部分(文献述评)对综述正文进行简要总结,作者应对各观点进行综合评价,提出个人观点,指出存在问题以及未来发展方向和展望。

参考文献是综述的重要组成部分,其数量一般反映了作者对文献广度和深度的把握。不同学校对综述类论文的参考文献数量有不同要求,通常以最近 3~5 年内的最新文献为主,同时兼顾中外文献。

(二)文献综述撰写的有关注意事项

在写作文献综述时,应注意以下几点:

(1) MBA 学员应在论文开题报告中涵盖文献综述,目的是保证开题报告具备充分的理论依据。

(2) 在撰写文献综述时,应兼顾国内外与自身研究相关的文献,一般而言,文献综述中涵盖的中文文献不少于 40 篇,英文文献不少于 10 篇,因此,MBA 学员应至少阅读 50 篇以上的文献,选取合适的开展综述。文献以国内外期刊论文为主,以学位论文为辅。从时间上看,应着重选择近 3~5 年的文献。

(3) 文献综述要做到条理清晰、引用恰当、格式规范、文字通顺。通过文献综述,MBA 学员应详细阐释自身研究问题的发展脉络、前人的研究成果、当下存在的不足以及未来的趋势。

(4) 文献综述必须涵盖自己对于研究问题的认识、观点和见解。特别注意不能将自己的想法和文献作者的观点混淆。

(5) 字数应符合学校的有关要求,一般不少于 3 000 字。

(三)资料来源的标注

无论采用何种具体方法,都应该特别注意指出资料来源的主要目的是为了方便评阅人获取更为具体的信息。主要的标注方法有以下三种:

（1）脚注。典型的做法是在正文中使用上标数字表示脚注序号，并在页面底部列出具体的参考文献。

（2）尾注。其本质上是脚注的一种变体。尾注的使用方式和形式与脚注相似，但它们放在所引内容的末尾，而不是在引文页的底部。

（3）夹注。在专业出版物和论文的资料来源注明中，最广泛使用的形式是将资料来源标注在括号内。这种方法提供了作者的姓名以及出版时间（因此又称"著者—出版年制"）。完整的引文则列在文章结尾的参考文献中。

二、文献综述的写作步骤和范例

社会科学研究所搜集的资料主要分为数据资料和文字资料两大类。数据资料通过结构化的调查问卷和访问表格获得，涵盖广泛的调查对象，可进行统计分组和综合汇总。文字资料则主要包括无结构的观察记录、访谈材料和文献资料，通常涉及较少数量的典型案例或个别情境。

（一）文献综述的写作步骤

1. 收集资料

文献综述的质量直接依赖于对文献资料的广泛搜集。在确定综述题材后，应集中大量阅读中文和外文文献，数量越多，综述质量越高。首先关注近期的文献（如3～5年内），然后逐渐扩展至较早的文献。广泛阅读后，深入研究几篇代表性的文章，尤其要查找权威性的文献并进行深度阅读。在阅读过程中，及时做好注释或笔记，以备撰写综述时使用。

2. 整理资料

综述不是简单地堆砌文献资料，而是在经过一定数量资料阅读的基础上，根据资料的重要性进行细致阅读。在整理资料时，抓住文献的主要观点和结论，进行分析和综合。可以先制定提纲，确定各级标题，将相似观点的资料分类整理，并确保合理的顺序。综述应真实反映原作者的观点，避免随意修改，但在引用资料时要加以选择，避免将所有收集和阅读过的资料都纳入综述，需要有所取舍。

3. 写作与综述

根据提纲，逐步展开内容，并确保观点与内容一致。具体的写作有三个步骤：

第一步，叙述该领域的研究背景和发展脉络；

第二步，列举目前的研究成果、不足之处（及可能的原因）；

第三步，指出进一步的研究课题或发展方向。

（二）文献综述写作的优秀范例

下又是一个具体示例，某篇题为《民营培训机构××品牌形象影响因素及提升研究》的MBA位论文文献综述节选内容如下：

　　第2章　国内外研究现状及相关理论
　　　2.1　国内外研究现状
　　　　2.1.1　国外研究现状
　　　　　（1）对于品牌竞争的研究
　　　　　（2）品牌竞争战略的研究
　　　　　（3）民营培训机构的品牌形象及其影响因素的研究
　　　　2.1.2　国内研究现状
　　　　　（1）品牌竞争力相关研究
　　　　　（2）教育培训机构品牌竞争战略的研究
　　　　　（3）民营培训机构品牌形象及其影响因素的研究
　　　　2.1.3　研究述评

从上述的目录中可以看出，作者对于品牌竞争方面的研究进行了清晰的梳理，并一步步细分至民营培训机构的品牌形象及影响因素，由此引出本文的研究主题。文献述评在文献综述中起到了画龙点睛的作用，既高度概括了现有研究成果，又自然而然地引出本文的研究目的与思路。下面来具体看看上文的"2.1.3　研究述评"。

　　通过上述现有学者的研究成果得知，对教育培训机构尤其是民营机构而言，其品牌形象一方面对其市场综合竞争力有着直接的影响关系，另一方面，民营培训机构的品牌形象也是保障其可持续发展的重要前提,因此加强民营培训机构的品牌形象塑造至关重要。国内外学者对培训机构品牌形象的研究主要以定性研究为主,涉及品牌形象定量研究的文献则相对比较少。同时,由于培训机构的种类比较多,国内外学者对培训机构的研究主要集中在英语培训机构、义务教育培训机构、职业技能培训机构等机构类型上,而专门针对公务员考试培训的机构的研究文献也比较少。

因此,本文采用定性与定量结合的方式,选取天津××公考培训机构为研究对象,研究该机构的品牌形象现状、品牌形象影响因素、提出相应的策略来提升该机构的品牌形象竞争力。

述评的第一段表明了目前关于品牌形象的现有研究成果以及存在的不足,由此引出第二段作者进一步研究的内容和方向。整体上,条理清晰、逻辑严谨,值得学习与借鉴。

三、文献综述写作需注意避免的问题

(一)文献综述过于简单,内容较少

文献综述的目的是对当前领域的相关研究进行梳理和总结。如果内容太过简单,可能会导致评阅人认为作者对于领域内的复杂问题缺乏深刻理解,以及对广泛研究趋势的忽略,从而影响其对论文整体质量的评价。例如,某篇研究商业银行不良资产核销管理的MBA学位论文,其文献综述如下:

1.2.1 国外研究现状

西方国家的银行业兴起最早,体系发展得最为完备,对不良资产核销的管理研究也最先开始。但是,受到其政治环境的影响,西方国家对不良资产核销的管理模式却与国内有着很明显的差异,导致双方对不良资产核销管理的研究重点也迥然不同。

Mutzel and Kenneth J.(1966)在对核销抵税的历史沿革做回顾的同时,通过梳理准备金的会计记账操作,系统地提出了不良资产核销的会计处理手法,重点单列了不良贷款的兼并重组最终如何进行核销的账务

处理;Miller and Noulas(1994)以美国20世纪90年代商业银行为研究对象,对贷款净坏账做了尝试性实证研究后发现,资产总额既定的情况下,贷款总额占比的上升所带来的坏账减少幅度高于存款总额上升所带来的坏账减少。

John A. Elliott and Wayne H. Shaw(1988)对不良资产核销的业务属性进行了研究,提出了不良资产的会计核销操作属于管理范畴的观点;Jennifer Francis, J. Douglas Hanna, and Linda Vincent(1996)基于会计实务,就会计人员行为的随意性对核销产生的不良后果开展了研究;Alfred Lye Chye Loh and Tin Hoe Tan(2002)从管理动机的视角对不良资产的核销进行了探究,同时分析了宏观因素对其产生的影响;Rong-Ruey and Duh;Wen-Chih and Lee;Ching-Chieh Lin(2009)研究了核销后收回对资产减值的影响,并针对管理层动机与减值回转之间的联系做了深入研究。

1.2.2 国内研究现状

我国的银行事业相较于国际上发展较前沿的一些地方和国家起步较晚,对不良资产核销的关注也是20世纪末期才逐渐开始的,有关的专业性研究相对欠缺。同时,我国银行随着国内政治环境的变化,渡过了从政策性到商业化转型,直至全面商业化的特别经历。因此,不难发现,国内的专家学者们对不良资产核销管理的研究,更偏好从宏观层面,以政策、法律、制度等作为切入点进行探究:

齐砺杰(2019)基于司法的视角提出个人破产法对全社会经济和金融体系的不可替代性,首当其冲强调的就是司法手段对银行不良核销的至关重要性;张娜(2009)、鲁篱和万江齐(2009)均以实际灾害的发生为案例,就商业银行通过申请司法执行对灾后集中爆发的不良资产实现核销的管理手段做了深入研讨,提出了建立个人破产制度的必要性。

李东卫(2012)、刘科和王爱琴(2017)及李瑞波(2014)均关注了不良资产核销管理过程中碰到的要点难点,前两者都是结合基层实务向制度的制定提出了质疑;而后者则是通过新旧核销管理政策依据的比对,从变化中探寻蛛丝马迹;王昕和任书亮(2018)通过对内外部的定性比较,以及分析国内外呆账核销政策的认识差异,对我国商业银行不良资产核销和催收的管理水平提出了建议。

曹金明(2020)立于审计署的视角,对不良资产核销管理的常规审计进行总结,提示了对商业银行核销管理工作的事后审计,需重点关注通过违规核销调配经营利润的意图、人为加速信贷资产的核销、对应信贷资产核销后的"虚假"清收方面等问题。

1.2.3 研究述评

本文在大量研阅国内外专家学者们历来的相关文献后发现,对不良资产核销管理的研究中,以基于核销条件来反观不良资产形成的成因分析为众总量惊人且研究的广度、深度都比较完整。相较之下,专攻不良资产核销相关的研究文献明显寡不敌众,对不良资产核销管理的深入研究更是屈指可数,当然,这是由一定比例的宏观因素所造成的,包括政治环境的差异、产权结构的不同、司法制度的制定等等,这些外部环境因素也是历来国内外专家学者们最为偏好的研究内容。

从微观层面看,商业银行不良资产的核销管理,相关研究文献可谓少之又少。大部分研究焦点集中在整体性的不良资产处置手段运用及取舍。以资产管理公司(AMC)为发生主体的资产转让、基于募集人角色的证券化发行及地域和政策色彩浓郁的债转股相关研究发文量为最多。研究思路大体可以总结为通过对交易主体、交易市场、交易行为和政策制度等的解读,分析手段运用中存在的问题或评判各种手段的优劣,给出相应优化建议。但针对不良资产的核销管理,往往出于不良处置的完整性考虑做介绍性描述,寥寥几笔只言片语,终不得窥探其中。

综上所述,国内外学者更倾向于从定性的角度来评价不良核销管理的成效,且大多结合了宏观及企业外部环境来研究影响因素,缺少从银行自身内部管理出发进行的研究分析。同时,定量评价也多将其作为变量之一对整体处置绩效进行测度,指标选取较为笼统,与核销管理实际衡量标准偏离较大。

这篇论文的文献综述整体篇幅较少,一篇3万字的MBA学位论文,文献综述部分至少需要占据10%左右的篇幅,这样才会有充足的文献支撑,让评阅专家看到论文选题的历史积淀与研究意义。反观上述内容,文中提出,而"西方国家的银行业兴起较早,体系发展得最为完备",从列举的文献中仅仅能看出前半句话,选取的文献时间都很早,没有近十年的相关研究,如何体现国外研究体系的发展最为完备这一结论呢?研究述评写得尚可,然而其中"总量惊人且研究的广度、深度都比较完整",作者描述得如此夸张,但评述内容中却完全看不出这一点。有好的述评却没有一个厚重的积淀,实在是令人惋惜。

(二)简单罗列文献,无发展脉络

文献综述不仅仅是文献的罗列,更应该有明确的逻辑结构,呈现出研究领域内不同研究之间的关系、发展脉络以及研究的演进过程。简单罗列文献可能使整体结构混乱,难以理清研究动机和领域趋势。例如,某篇研究人工智能背景下公司战略转型的MBA学位论文,其文献综述内容如下:

> 手机行业属于热门消费类电子,与人们日常生活工作息息相关,且与芯片器件厂商、通信运营商联系交互极其密切,从技术、经济、社会、政治等角度大大影响着全社会的走向,因此对此行业研究的人员和文献非常多。
>
> 2016年11月,时任华为消费者事业CEO的余承东在移动互联网论坛发表题为"智能手机将变成智慧手机"的讲话,表明人工智能数字化时代已到来,智能手机未来很可能变成智慧手机,可以进行深度学习,其云端大数据处理的能力将远远超出人类现有能力,希望和各位同行一起携手把握机会,发展手机产品在人工智能领域的探索与应用。
>
> 赵剑峰(2008)在《诺基亚战略转型解析》一文中,对诺基亚的战略转型进行了研究,提出手机厂商要积极寻求建立和移动电信运营商的战略联盟,因为其掌握最核心的通信资源,只有与其建立深层次的长期合作,达到各自利益的最大化,才能保证诺基亚转型的成功和长远发展,并且这一转型应当在诺基亚自身处于成熟期阶段就启动。虽然诺基亚在往智能机转型过程中掉队,但这篇文章所表述的观点,值得其他厂商借鉴。

张峰(2016)在《T公司的战略转型分析》中,分析了T公司独有的关键资源和核心能力,找出其主要的优势与劣势,机遇与风险,提出聚焦欧洲市场,挖掘终端的流量价值,通过流量变现的方式提升毛利,并逐步向移动互联网商业模式战略转型的观点,为转战品牌市场的手机ODM制造企业,指明了在移动互联网时代聚焦发展的思路。吴虹洁和高乐文,于2017年在《电信工程技术与标准化》中发文"应对OTT强势来袭电信运营商的战略选择",描述了OTT业务蓬勃兴起的时代,以微信、互联网电视为代表,极大地冲击了语音短信等传统电信业务。文章提出运营商在面临管道化危机加剧的背景下,应当与下游厂商探求竞合,建立共赢的运营模式,并对OTT业务合作模式以及与之应对的战略选择进行了一些探讨。

以上文献及相关分析,分析了不同时代的行业背景,如与移动运营商和移动互联网的发展关系,并结合该时代特征对手机行业的核心能力、关键资源做了剖析,为笔者研究的移动通信产业发展中运营商、品牌手机厂商、ODM手机厂商的战略制定与选择,提供了良好的借鉴思路。

首先,手机行业的转型发展至今已经经历了二十余年,而作者仅用两篇文献就想概括这么多年的发展变化,以偏概全,完全没有说服力。其次,2008年和2016年明显已经是手机行业发展的两个时代,从文中却未看出这一发展脉络概括。最后的文献述评也是寥寥几笔,十分影响读者和评阅人的阅读体验,甚至会影响到评阅效果。

(三) 有头无尾,缺少文献述评

文献述评是对以往文献的批判性思考和总结,为读者和评阅人提供研究领域的全面信息。如果缺少这一部分,文献综述可能会过于陈述性,缺乏深度。同时,没有对未来研究方向的重要指引,文献综述就会与下文的研究内容衔接不够。这是大多数学员最容易出现的一个问题,前面的文献梳理和总结都做得非常好,到了最后,忽略或忘记了这部分内容,十分可惜。

除此,在文献综述的撰写中,还有以下注意事项:

第一,在已搜集到的文献中,可能存在观点雷同或在可靠性、科学性方面存在差异的情况。因此,在引用文献时,需谨慎选择具有代表性、可靠性和科学性的文献。

第二,由于文献综述涉及作者的评论分析,因此在撰写时应清晰区分作者观点和文献内容,不得篡改或曲解文献的原意。述评时,特别是在批评前人不足时,应引用原作者的原文以避免对原作者观点的误解,不应贬低他人来抬高自己,更不能以二手材料判断原作者的"错误"。

第三,引用的文献应是亲自阅读过的原著全文,不得仅依据摘要进行引用,更不能引用文献中引用的内容而不去亲自查阅原文。这往往是导致误解或曲解原意的重要原因,有时可能对综述的科学价值造成无法弥补的损失。

第四节 理论基础的写作与常见问题

理论基础是对论文研究所运用的主要管理理论的系统阐述,是 MBA 学位论文的重要组成部分,通常和文献综述合为一章。理论基础的好坏可以反映学员基础理论学习的扎实程度,决定评阅人对整篇论文的印象。

一、理论、工具与分析框架的区别

作为管理学中的三种不同产物,理论、工具与分析框架之间有着错综复杂的关系。表 3-2 对三者进行区分并总结如下:

表 3-2 管理学中的理论、工具和分析框架

内 容	理 论	工 具	分 析 框 架
定义	可以解释一定结果的,多个概念之间的因果关系的集合	常规化的解决问题方案的系统	互相关联的概念/变量的集合,但是这些概念/变量之间的关系并不是被限定的
主要作用	用抽象的方式描述现实	使管理常规化	构思
考虑要素	前因与后果	问题与解决办法	用来构思决策变量

续 表

内　容	理　论	工　具	分析框架
要素之间关系的性质	限定性	规范性	非限定性,非规范性
主要的创造者	学者	实践者或咨询顾问	学者/顾问

工具注重于规范化行为且具有高度明确性,与分析框架有所区别;而分析框架通常专注于认知层面的活动。理论首要目的是描述,尽管某些理论也可能具备建议性质;而工具根据具体因素分析并提出相应的行动建议。因此,工具和理论在本质上存在显著差异。然而,它们也有一个共同点：涉及不同因素之间的关系。相反,分析框架中的关系既不规范也不受限制。在框架内,各个因素仅被辨识,而它们之间的关系并非系统性的,为行为主体留下一定的管理空间。

二、理论基础的主要内容

理论基础一般由以下三个部分组成。

（一）理论的历史发展过程

任何一个理论的成熟都是历时数十年甚至上百年的演进过程。首先,可以依照时间顺序,对该理论发展历史的各个阶段进行简要介绍。例如,对于大家熟知的市场营销,可以这样介绍：

> 竞争战略的制定和规划,受到公司整体的战略和所处的时代环境的制约。而竞争战略主要是指导公司在业务层面的行动,主要是帮助企业在当时的时代竞争环境保持市场的竞争力,同时保证企业竞争力的不断提升,所以竞争战略被提出后,就不是稳定不变的,其随时间的推移经历了多个发展阶段。

> 20世纪70年代以前,全球市场主要处在一个规模化经济主导的竞争时代。在该时期,市场经济主要还是以买方的成本为主导。企业要在市场中取得竞争优势,主要依靠的是业务的经验作为参考而展开的生产

制造活动。至此大部分主要的企业为了能够占据竞争优势,都是通过扩大规模化生产,提高生产效率,从而来降低产品的成本最终获得成本上的竞争优势,所以该时期的企业成本领先优势普遍地适合。

20世纪70年代以后到新世纪,这一段时间的竞争战略开始发生了变化。随着科技的不断进步和发展,多数企业从开始的批量化生产成本的降低,逐渐转变为关注消费者的个性化需求,追逐成本的优势转变为致力于探究消费者的心理需求。特别是在1980年,迈克尔·波特提出对竞争战略自己的开发后,得到了众多学者的一致认同,竞争战略的发展更全面。从最初的总成本领先战略,增加了差异化战略和集中化战略。三大竞争战略的提出对企业分析自身优势而做出的战略具备多样性和个性化,对提升竞争力抢占市场的具体战略能够更加的完善。

新世纪以后,随着网络数字化的全面发展,竞争战略也同步得到了更深入的发展。信息共享时代市场环境变化加快,导致企业的管理方式和其运行的方式都产生了巨大变化。出现了许多新的竞争战略的概念,例如时机战略、信息战略、协同战略等。相信随着万物互联,智能化的速度加快,以后的竞争战略会得到更进一步的发展。

(二)理论内容的概述

要全面阐述任何一个已经发展了数十年的理论,需要很大的篇幅。学位论文中的理论基础描述并不需要如此全面、详细,否则可能喧宾夺主,只需要对相关理论的内容进行简要概述即可。需要注意的是,不要过多介绍名词术语和基本概念,因为论文的评阅人通常是专家,或者说,论文是给专业领域的专家评阅的。例如,对于战略联盟理论可以这样简单介绍:

市场环境随着时代的变迁变得越来越复杂,对于企业来说,一边是消费者的需求越来越多样化,一边是市场竞争越来越激烈。仅凭单个公司,越来越难满足客户的需求,所以不少公司发现,与相关企业建立联盟,一起开发满足客户需求的新产品,才是实现企业发展的有效方式。

20世纪末,美国学者詹姆斯·摩尔主编的《竞争的衰亡》一书面世,战略理论的指导原则由此有了质的飞跃。摩尔从生物学的生态系统角度研究了市场中的公司行为,并且把生物学理论灵活地应用于经济管理领域中。摩尔所创造了"商业化生态系统"一词,将商业当作是一个有机的系统,而不是像传统的战略管理理论,用行业来划分商业活动。根据生态学的进化逻辑,他将商业行为也划分为四个步骤,分别是开发、发展、牵头和优化。摩尔还提出,企业战略不能局限于行业这一条件,而是要以创造新的价值、资源和财富作为核心的目标。

(三) 论文中需要用到的一些分析工具

比如战略管理中的 PEST 分析法、SWOT 分析法、波士顿矩阵等。严格来说,分析工具不是理论,但放在这一章中介绍也是很有必要的。

以上三个部分是理论基础的基本构成部分,但需要指出的是,理论基础部分并不是 MBA 等专业学位论文写作中必不可少的。某些应用领域中并没有成熟的理论,所以也就没有所谓的理论基础。例如,某论文介绍其所在公司新产品的推广过程,文中则不必详述理论,切不可因为凑字数而生硬地编排一个理论基础部分。

一篇比较完整的论文理论基础与文献综述,结构示例如下:

第 3 章 理论基础和文献综述
 3.1 相关概念
  3.1.1 企业战略的定义
  3.1.2 企业战略的特征
 3.2 企业战略理论
  3.2.1 结构追随理论
  3.2.2 竞争理论
  3.2.3 核心能力理论
  3.2.4 战略联盟理论
 3.3 相关战略分析工具
  3.3.1 SWOT 模型

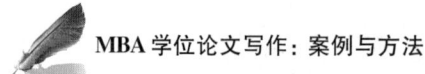

  3.3.2 PEST 模型

  3.3.3 波特五力模型

 3.4 文献综述

  3.4.1 国内相关研究综述

  3.4.2 国外相关研究综述

  3.4.3 文献述评

三、理论基础写作需注意避免的问题

(一) 概念介绍过多

在理论基础中,有的同学过度关注概念的介绍,导致篇幅膨胀,削弱了对理论核心思想的阐述。这就影响了评阅人对主要理论内容的理解,可谓事倍功半。例如,某篇研究××集团电脑显示器业务发展战略管理的 MBA 学位论文,其对企业战略的定义介绍如下:

> "战略"这个概念最先是用在军事上的,主要指战役指挥者的布局和谋略。如今的时代战争较少发生,而国际环境变得越来越复杂,这一概念也被引用到经济学和管理学领域。在经济管理领域最先出现的"战略"一词是由美国学者 Chandler 提出的,他在 1962 年出版的《战略与结构：美国工商企业成长的若干篇章》一书中描述了该领域的战略的概念：战略是企业所选择的中长期的发展目标,并且包括为了实现这目标所选择的实施路径以及其间需要利用的资源。自此,"战略"这一概念正式被用于经济管理领域,"企业战略"的概念正式诞生。
>
> 迈克尔·波特(Michael E. Porter, 1980)对企业面临的竞争和企业的战略进行了研究,提出了企业的 5 种竞争力量,并且在分析了这些力量之后提出了 3 种竞争战略,包括总成本领先战略、差异化战略、专一化战略。通过这三种战略的应用,有助于企业在市场竞争中建立自己的优势,从而有机会脱颖而出。
>
> 学者(Steiner, 1982)是研究狭义战略管理的代表,他认为狭义概念下的企业战略管理是针对整个企业所进行的战略性管理,企业战略管理

是一种管理方法,企业运用方法前先定一个战略规划,按照规划实行即为战略管理。结合国内外学者过去的研究,企业战略基本可以划分为两个类型:传统企业战略和现代企业战略。传统企业战略理论的代表性人物是美国的迈克尔·波特教授,他提出企业战略指的是企业的奋斗目标以及企业为了达成这一目标所选择的路径和方式以及做出的行为。这一概念一经提出,立刻引起美国学术界和市场的广泛关注,并迅速成为最有代表性的传统企业战略的概念。从这一概念可以了解到,企业战略具有三个较为突出的属性:计划性、长期性和全盘性。

世界的不断变化使得市场经济也变得越来越复杂,传统企业战略中包含的规划性思维已经不再适用,因此欧美国家的学者也与时俱进地提出了多元化的看法,丰富了企业战略的研究。20世纪80年代末,加拿大学者Mintzberg H对传统企业战略提出了批判,他认为企业所处的环境是在时刻变化的,因此事先的计划和准备是很难发挥作用的。他也提出了新的企业战略的概念:企业战略是一种思维,以及遵循这种思维的一系列决策方式,其中包括企业可以预见的战略,也包括企业无法预知的不确定性。随着对战略的研究不断深入,计划性战略的局限性也被充分认识,由此很多学者专注于研究不可预见事件的战略。这就是传统企业战略与现代企业战略之间最突出的不同,可以看到现代企业战略的特点有以下几点:随机应变性、风险不可消除性、竞争持续性。

企业战略指的是企业层面上的战略,是企业中的各种战略的统称,其中包括竞争战略、发展战略、品牌战略、融资战略等。随着时代的变迁,也会出现一些新的战略,如随着信息技术的发展,信息化战略也随之诞生。尽管企业战略有很多种,但总的来说其核心都是对企业未来发展进行谋划,关注企业的整体和长期发展。

企业战略的类型包括:发展型战略、稳定型战略、收缩型战略、并购战略、成本领先战略、差异化战略和集中化战略。发展型战略包括一体化战略、多元化战略、密集型成长战略。

作者按企业战略的发展去阐述这一概念,用了大量的文字定义企业战略,占据的篇幅较多,留给后文理论阐述的空间较少。同时,仅有早期的文献不足以看出企业战略的发展趋势,应结合近几年的企业战略发展,梳理最新的研究动态。

（二）没有抓住理论主流

这也是许多论文中常见的问题。例如,还是前一篇研究企业战略管理的MBA学位论文,其理论基础的部分内容如下:

2.2 企业战略理论
    2.2.1 结构追随理论
    2.2.2 竞争理论
    2.2.3 核心能力理论
    2.2.4 战略联盟理论

2.2.2 竞争理论

竞争战略是从上世纪80年代以来在管理学理论中占据主导地位的理论,它的提出者是迈克尔·波特。企业在市场中必然会面对竞争,而要赢得竞争就需要建立自己的竞争优势。根据该理论,企业的竞争优势与行业盈利能力以及该企业在行业内的地位有关。

波特认为,企业要实现发展,首先就要提高利润水平,而提高利润水平的关键就是获得竞争优势。企业在行业内的地位是决定其是否有竞争优势的重要因素,因此企业需要建立一种战略,来提升自己在行业中的地位,或者是在价值链中的地位,从而获得相应的竞争优势。随着时代的发展,市场环境越来越复杂,企业面对的竞争越发激烈,建立竞争优势对于企业来说更加关键也更加困难。因此,不少企业也在制定竞争战略,想要通过实施该战略来建立竞争优势。

战略管理的主流思想是迈克尔·波特的竞争理论,作者没有就主流思想进行重点介绍,而是将其与其他较少运用的战略理论一起阐述。一方面,选择的理论较多,不同理论之间存在冲突,将会难以得到预期研究成果;另一方面,理论基础的堆砌,意味着作者仅简单阐述了理论的内容(见 2.2.2　竞争理论),并未掌握其内涵与应用,对后续研究结果的分析作用甚微。

(三) 内容陈旧

有些同学将十多年前管理学教材中的相关内容照搬到理论基础中,这种做法显然是极不可取的。对于那些具有较长发展历史的管理学理论,仅介绍其早期观点已经无法满足当前学术及实践的要求。相反,更有必要的是深入了解和介绍某个理论的最新进展,以体现该领域的发展动态。例如,某篇研究公司战略转型的 MBA 学位论文,其理论基础内容部分如下:

2.1.1　基本竞争战略

基本竞争战略由著名战略管理专家 Michael Porter 提出,分为以下几类,企业通常应选择其中一种作为企业的主导战略。

1. 成本领先战略

成本领先战略,又称低成本战略,是指企业通过有效手段降低成本,使其总体成本低于主要竞争对手,甚至在整个行业中成本最低,从而获取竞争优势的一种战略。

2. 差异化战略

差异化战略,指的是企业提供的服务或产品与竞争对手的服务或产品具有明显的差异,以产生与众不同的特色为目标而采取的一种战略。这种战略的核心是让顾客感受到所接受的产品和服务具有独特性的价值,由此让顾客感受到比其他竞争者更高的满意度。企业需要突出自己产品跟竞争对手之间存在的差异性以获取竞争优势。

3. 集中化战略

集中化战略也称为聚焦战略,指企业致力于为特定的买方群体、特定产品类型或区域市场服务的战略。该战略的核心是针对某一特定用户群体、某一细分市场或细分产品线,具体可分为产品线和客户集中战略、区域集中战略和低份额集中战略。

基本竞争战略理论是迈克尔·波特在 1980 年提出的,距今已经发展了40多年,作者仅将这一理论的内容照搬过来,完全没有体现这一理论的发展动态。切记,经典理论不能摒弃,前沿发展亦不可忽视,要把握好这个度。

最后再特别强调一点,理论基础中介绍的理论并非越新越好。新理论固然吸人眼球,但也可能备受争议。理论基础中介绍的相关理论是全文研究及论述的依据,需要十分谨慎,因此,应当尽量避免涉及有争议的理论。

第四章
MBA 学位论文的摘要与绪论

第一节　摘要的写作要求与常见问题

摘要,又称概要或内容提要,位于论文的开篇,是对全文内容的简短概括。通过仅阅读摘要,读者能够快速获取全文的要点。当读者通过摘要清晰地了解作者的论点时,通常会怀着一种期待的心态继续深入阅读后续章节的内容。因此,投入精力编写精当的摘要可谓"一举多得"。

一、摘要的写作要求

写学术论文要"开门见山"。因为学术论文是写给内行看的,这些读者熟悉专业领域的知识,关心的只是作者提出了什么经过论证的新论点。

"开门见山"的要求首先体现在摘要部分。评审专家在审阅学位论文时,往往首先研究摘要。一个成功的摘要应当使读者在短时间内清晰地了解作者的主要贡献或论点,并感知到论文的价值。评审专家期望通过摘要快速了解论文的质量是否符合要求,从而为评价提供依据。如果专家能够在几分钟内通过摘要了解作者提出的新论点,就能迅速做出初步评估,这是令人满意的情况。相反,如果摘要未能清晰地呈现论文的新论点,专家就必须耗费更多时间研读其他内容,从而找到对论文主要论点的理解,才能着手写评语。

但要注意,评审专家和读者通常首先阅读摘要,而对作者而言,摘要却是在完成论文主体内容之后,作为最后一个环节来撰写的。摘要可视为论文的微型版本,供读者初步判断其价值,因此必须简短扼要。一般而言,MBA 硕士学位论文的摘要 600~800 个汉字,不超过一页(A4 纸)最佳。

一篇合格的论文应当包含经过科学论证的有价值的新论点,摘要必须按照这一标准组织内容。首先,要用几句话说明论文选题的背景和研究问题;其次,直截了当地陈述对所研究问题提出的新论点或见解;再次,描述作者围绕新论点或见解所进行的论证工作内容,包括从哪几个方面论证了这一新论点,采用的方法和工具以及论证工作的独特之处;最后,简要说明新论点或见解经过论证后可能引发的现实变化,即此新论点的重要性所在。

在数百字的篇幅内清晰表述这些内容,需要精心筛选核心信息。就像参加求职面试时,几分钟的自我介绍需要展现出最为精华的部分,以给面试官留下深刻的正面印象。为了实现这一目标,就需对整个论文工作进行深入思考和梳理。如果不能提炼出研究工作的主论点以及作为论据支持主论点的各个分(子)论点,就难以清晰地分辨轻重主次、正确取舍,从而写出具有重点的摘要。摘要不仅需要简短,还需要独立成篇,准确而精练的文字表达显得尤为关键,因此写作时应当持有"惜字如金"的态度。

当然,质量优秀的研究内容是写好摘要的前提。只有确实具有新见解的研究工作,和充实的论证工作,再加上对摘要的认真撰写,才能写出出色的摘要。如果研究工作水平较高,但由于摘要写作不到位而导致论文评价不高或受到关注较少,那实在是十分可惜。

二、摘要的写作示例

摘要是对论文的内容不加注释和评论的简短陈述,要求简明扼要地说明研究工作的目的、研究方法与结果和最终结论等。重点是最终结论,表明这是一篇具有独立性和完整性的短文,可以引用、推广。在撰写摘要时,研究工作的目的、研究方法与结果、最终结论与推广这三块内容缺一不可,下面列举两个优秀范例以供参考。

一是《××公司客户化定制的研发管理问题研究》,其摘要内容如下:

随着医疗改革的持续推进,国家发布了一系列有利于行业发展的重磅指导原则和规范文件,医疗信息化行业进入了高速发展期,越来越多的企业开始进入医疗信息化领域。由于长期缺乏统一的行业规范和标准,几乎每个医疗机构都形成了自己的业务特色和管理风格。作为典型的买方市场,医疗软件提供商必须提供灵活的客户化定制服务,来满足医疗机构不断演变的业务和管理要求。该公司诞生于医疗信息化的改革浪潮之中,是一家专业的医疗信息化服务公司,通过提供安全可靠的专业信息化软件来帮助医疗机构持续提升管理运营效率。得益于行业的快速发展,公司的业务规模也在持续增长。项目数量的迅速增加,也带来了大量的客户化需求,客户化定制过程中的研发管理问题开始暴露,严重制约了项目履约的效率和质量,也对公司的市场竞争力造成了负面影响。因此,研究和解决客户化过程中的研发管理问题,对该公司的持续稳定增长,有着重要意义。**(研究工作的目的)**

结合目前研发管理的现状,发现暴露的问题主要涉及需求管理、客户化定制开发和研发管理体系三大问题。需求管理是客户化定制开发的对象,反映了最原始的业务需求。客户化定制开发是业务功能实现的主要过程,出现的效率和质量问题,会制约项目履约的进展。研发管理体系是整个客户化定制和后期产品持续改进的指导原则和保障,影响着产品的质量和发展方向。本文通过对公司资深研发人员和项目经理的访谈,深入分析了这三大问题产生的具体原因,并针对性地提出了建立高效的需求管理体制、建立高质量的客户化定制开发模式和制定持续改进的创新研发管理体系等解决方案,并结合公司在改进之后的实际运营数据,验证了改进方案是可行有效的。**(研究方法与结果)**

医疗信息化行业的特色,决定了客户化定制背景下的研发管理在企业运营过程中,扮演重要角色。事实上,这个行业内的绝大部分公司都有足够的合同订单,但由于无法高效进行项目履约,制约了很多中小公司的发展,甚至因资源耗尽而被拖垮。而制约项目履约的核心因素之一,就是客户化定制过程中的研发管理问题。因此,论文探讨的相关解决方案也为医疗信息化行业的其他公司提供了参考。**(最终结论与推广)**

这篇摘要表明了论文的主要研究问题,即客户化定制过程中的研发管理体系亟需改进及如何改进，研究方法是对公司资深研发人员和项目经理的调研访谈，深入剖析问题成因，针对性提出改进方案，并基于实际运营数据验证方案的可行性。结果表明，改进的管理方案可行有效，为其他医疗信息化企业提供了参考，这也是论文的实际价值所在。

二是《××铁路设备制造企业研发类岗位员工绩效考核优化研究》，其摘要内容如下：

在知识经济时代中，对于市场的发展和企业的竞争而言，科技创新是第一要义。创新技术其实是作为知识运用的载体而存在，而技术创新的体现则需要从研发人员的角度来进行设计，才能帮助企业更好地进行技术以及产品创新。但由于研发类岗位员工的工作成果不具有量化性质，且研发类岗位员工的工作内容具有专业性强、风险性高的主要特点，传统的绩效考核办法无法满足。由此来看，设计出符合研发类岗位员工的绩效考核体系就具有明显的现实意义。**（研究工作的目的）**

本文选取了××企业作为全文的案例分析对象，以××企业的研发类岗位员工为分析点，研究其绩效考核优化问题。论文分析了××企业的研发类岗位员工及其绩效考核的现状。基于问卷调查法和访谈法，发现现行绩效考核体系存在并不清晰了解、认可度较低和员工反馈无门等现状，总结得出存在问题为绩效考核指标及权重设置不合理、绩效考核了解不够深入、绩效考核不公平且不透明和绩效考核反馈机制不健全等。挖掘出问题的成因在于维度设计偏颇、对绩效考核的重要性认知不够、仅由上级领导指定方案、被考核员工与考核制定者缺乏沟通等。提出对应的优化方案：优化绩效考核设计原则和指导思想、重新确认绩效考核维度及权重分配、优化绩效考核方案、设计流程化沟通版块等，其中在绩效考核权重分配中使用了层次分析法。最后，本文针对绩效考核的优化方案给出相应的保障措施，以期该方案能够顺利实施。**（研究方法与结果）**

通过对××企业的研发类岗位员工的绩效考核内容进行分析，论文得出以下结论：① 对于研发类岗位员工的绩效考核体系设计需要多维度考量,有效区别于传统工作人员;② 绩效考核体系的设计需要充分考量岗位的特殊性,在指标体系的设计上要与研发类岗位员工有效沟通;③ 绩效考核后需要及时的反馈,有效缩短研发周期。基于此,本文对××企业的研发类岗位员工进行绩效考核体系的分析与设计能够最大程度上帮助该企业更好地解决绩效考核中存在的问题,具有一定的现实借鉴意义。**(最终结论与推广)**

这篇摘要的研究目的在于优化研发类岗位员工的绩效考核体系,选择问卷调查和访谈作为研究方法,描述绩效考核现状,挖掘问题成因,提出优化方案并给出相应的保障措施。作者在企业问题诊断的过程中得出了三条主要结论,这对企业的未来发展具有一定的现实意义。

三、摘要写作需注意的问题

(一) 摘要不能写成目录式

目录是论文的提纲,可以为评阅人和读者提供对整篇论文结构的快速了解,方便总览和查阅各章节内容。与此不同,摘要则主要强调论文所做的独特贡献和主要发现。如果摘要按照章节顺序简要概括论文内容,就会变成目录的简短版本,这样的重复并无必要。因此,在撰写摘要时,应聚焦于突出论文的核心贡献,而非对各章节进行逐一罗列。这样有助于确保目录和摘要在信息传达上的清晰度和独立性。有篇研究非理性行为与个人信托投资决策的 MBA 学位论文,摘要的主要内容如下:

> 本文分为七个章节,三大模块:
> 第一阶段为定性阶段,包含为本文的一、二、三、四章,为后面数据分析打下基础。第一章为绪论,主要介绍了选题背景、研究方法、研究意义、创新之处等。第二章为相关文献综述和理论基础,本文查阅了相关领域的国内外文献,总结了可借鉴和可以优化之处,该文应用的理论基础为行为金融学、生命周期理论等。第三章理清了信托的概念,包括定义、分类、信托的收益和规模情况等。第四章研究了非理性行为影响投

资决策的机理,定义了非理性行为的表现,探索了投资者个人特征和非理性行为如何影响投资决策的过程。第二阶段为问卷调研与数据分析,包括第五章、第六章。第五章为模型构建、问卷设计,本文应用了 Ordered logistic 回归模型和 OLS 回归模型,根据已提出的理论模型参考相关专业文献和论著进行问卷设计,并对初步的问卷进行预调研,然后对问卷数据进行了信度和效度分析。第六章为数据实证分析,本章为本文的核心章节,通过描述性统计分析得出了信托投资者的基础特征情况、通过探索性分析得出了不同投资者的个人特征代表的非理性行为表现、通过模型回归分析验证了投资者非理性行为对投资决策的影响,以及非理性行为对不同等级的客户的投资时长的影响。第三阶段为结论部分,即第七章,总结了全文结论并有针对性地对信托公司和信托投资者提出建设性意见,包括但不限于金融机构的产品设计、分类,以及客户关系管理、财富顾问管理等,最后提出本文研究存在的局限性并提出展望。

这篇摘要的写法就是将目录概括来写,虽然一些地方进行了具体叙述,但整段文字啰嗦繁琐,目录式的写法让人找不到重点,也看不出文章的实际价值。这样的摘要完全没有起到摘要应有的作用。

(二)形式要素不清晰,各部分内容混为一谈

很多论文经常会犯这类问题,将研究方法、结果与结论糅合在一起撰写,既使自己难以下笔,也让评阅专家不知所云。如有一篇研究商业地产运营管理优化的MBA学位论文,其摘要如下:

商业地产的发展与城市化进程息息相关,它的繁荣是城市竞争力的重要标志。国内商业地产经历十几年的爆发式增长后,开始步入存量时代。经济增速放缓加上电商的冲击,商业空置及运营价值缺失的问题逐渐暴露出来,存量商业的运营管理越发受到开发企业所重视。商业地产运营管理优化研究的目的是为了提高企业创造价值的效率,增强企业的竞争优势。

首先，本文对商业地产的概念、分类及特点进行阐述，分析商业地产与住宅地产的区别，结合国内外研究成果，引用价值链理论、微笑曲线、价值链重构及流程再造理论，分析商业地产价值链各参与主体利益如何实现，论述商业地产价值组成及价值活动过程。

其次，笔者重点对中房集团的商业项目运营管理现状进行论述，针对中房集团商业地产的发展环境进行分析，接着从价值链视角对运营管理存在的主要问题及成因进行剖析，找出价值链中需要优化的五个活动环节。

然后，笔者构建商业地产企业内部价值链、横向价值链、纵向价值链，引用流程再造和价值重塑理论，提出中房集团商业地产价值链优化提升的总体策略，并针对组织架构、产品规划、招商管理、运营模式、资金管理五个环节制定具体的优化措施。

最后，针对价值活动薄弱环节优化制定相应的保障措施，介绍运营管理优化的预期效果，由此笔者得出新形势下商业地产价值链统一运营管理的管控模式，实现了价值链的价值提升，在现实中能够为同类型商业地产开发企业运营管理提供参考和借鉴。

本文图 38 幅，表 14 个，参考文献 72 篇。

这篇摘要虽然用了"首先""其次""然后""最后"的连接词，但研究方法不明，研究结果与结论不清，作者只是将自己做的所有论文工作按先后顺序陈述出来，没有重点，让评阅专家看完仍是一头雾水。

另外，特别强调一点，有关研究工作过程和文献综述的内容，一般的名词解释及图表和文献索引，都不需放入摘要。

(三) 引导性和支撑性的解释词句应尽量少，要开门见山

MBA 学位论文常出现这方面的问题，说一些外围的大话套话。如有一篇研究金融科技背景下商业银行供应链金融的 MBA 学位论文，其摘要的第一段如下：

中小企业经常面临着融资难度高、融资成本高等问题，金融方案计划、法律法规等相关金融事务也通常脱离实际，难以精准扶持。针对这

一系列难题,只有加强创新,促进金融行业的发展创新才能更好地解决这些问题,而今很多商业银行也一直在追寻和探索依托于当下现实贸易背景的新型供应链金融产品。目前我国已进入经济新常态,并大力开展供给侧改革,供应链金融改革创新如今已经被国家层面给予重视,其市场需求规模2019年达到20万亿元,增速到26%。作为国家金融体系的中流砥柱及最基本要素,而其中相关的商业银行是金融创新改革浪潮的中坚力量,在支持实体经济发展以及促进供应链金融的快速改革创新中做出了重大的贡献。然而随着"互联网+"经济模式的兴起到热门,在当前利率市场化以及业务本源趋势不断增强的背景下,传统机构供应链金融业务面临巨大挑战的同时,也迎来了新的机遇。

这段摘要从中小企业融资、供给侧改革的宏观背景谈起,说到供应链金融改革创新,最后一句才点出商业银行的供应链金融,最后,甚至又和"互联网+"扯上关系。这都是一些常识性的推论,从概念到概念,读者从中得不到什么新信息,看不出作者研究商业银行供应链金融的实际价值和意义。整个这一段都可归结为引导性的内容,离题太远,大部分内容都可以删去。

(四)摘要中不要出现自我价值判断的语言表述

常见的这类写法有"本研究对于××(领域)有重要的理论和实际意义""本文首次提出……""填补了空白"等,这些评价应让评阅人和读者去判断,作者只需摆事实,用陈述方式表达论文的研究结果和论证工作,有关论文创新点的描述要谦虚低调。如有一篇研究环投企业员工培训管理的MBA学位论文,其摘要结尾内容如下:

研究表明,不论是对培训的组织构建、培训方法的选择、培训课程的设计,还是对培训体系的建立、培训效果的评估,××环投企业都存在一些问题,培训效果不尽如人意,急需优化提升。本文为科学有效、全面精准地以问题为导向开展培训,提升培训管理的有效性、回报率和满意度给出了优化方案和建议,尝试优化原先机械化、普适化的培训管理,让员工能够经过培训实现质与量的提升,这对企业发展也将会是质的提升,为企业实现长治久安、持续发展提供动力源泉,以期为××环投企业和同类企业提供有益参考。

作者点出了自己所做的研究工作,给出了优化方案和可行措施。读者能够直观感受到这项研究对环投企业员工培训管理方面的实质性贡献,相较于简单口号式的自夸,更具说服力。反观下面这个例子,作者提到的"提升市场竞争力""提升市场地位"等说法过于夸大,主观性太强,会让评阅专家对论文的贡献存疑,效果适得其反。

本文梳理了××公司口碑营销的现状以及其所面临的行业竞争状况,针对××口碑营销过程中存在的具体问题,根据调查问卷数据结果,结合注重消费群体内心需求,提升消费者便利性,完善与消费者沟通方式等方面的运用,深刻探究××如何结合5T理论更完善地进行口碑营销,提出针对××的消费群体方面的口碑营销的优化与改进策略,有利于促进××口碑营销模式运行完善,提升××公司的市场竞争力,从而进一步提升××公司的市场地位。

(五)要注意规范,不要违反《文摘编写规则》(GB/T 6447-86)

该规则明确规定,摘要写作应用第三人称,不宜用第一、第二人称。应采用"对……进行了研究""调查了……""论述了……"等记述方法,不必使用"本文""作者"等作为主语。如"本文研究表明,我们可以制定相适应的组织结构,以提升软件企业的生产效率",可改写为"研究表明,可以制定相适应的组织结构,以提升软件企业的生产效率"。

一篇专业学位论文的摘要通常不超过800字,然而,本节对摘要写作的讨论却涉及好几页的篇幅。这并非仅因为"首位效应"——评审专家十分重视摘要,读者通过摘要来初步判断论文是否值得深入阅读,同时,文献收录机构也会依赖摘要来评估论文的收录价值。更为重要的是,出色的摘要能够充分展现作者对整个论文工作的深刻思考、全面把握、要点概括、由繁至简的能力。摘要反映了论文研究工作和写作的质量，也是作者学术水平的重要体现。

第二节 关键词的写作要求与常见问题

关键词是为满足文献标引或检索工作的需要而从论文中选取的词或词组，它们对论文主题进行高度概括，能够揭示论文的主要内容。通常，关键词单独标写在摘要之后、正文之前，这使得读者在未查看摘要和正文的情况下就能直观了解论文的主题，从而判断是否继续深入阅读。此外，作为当前最广泛使用的文献检索标识，关键词为读者检索文献提供了极大的便利，节省了大量时间。

一、关键词的选取方法

虽然，关键词选取的数量按照GB7713-87要求，一篇论文应选取3~8个关键词，也就是说，最低不要少于3个，最多也不要超过8个，但是一般来说，关键词的数量最好控制在3~5个。关键词的选取数量，在一定程度上反映了文献主题的深度。随着关键词选取的增多，对文献主题的解释也随之加深，相应地，这些关键词的可检索性和利用概率也会提高。然而需要注意的是，并非从文章中随意摘取几个词语就能作为合适的关键词。实际上，关键词的选择是一项讲究技巧的任务，必须遵循一定的规则和标准。关键词的选取方法主要有以下两种。

第一，直选法，即直接从论文的标题、摘要和正文中选取研究主题作为关键词。例如，在下面这个例子中，关键词的选取就是来自于论文标题和摘要的核心内容，这样直选的方式比较简单，也不容易出错，是最常见的一种方法。

"互联网+"环境下蒙牛集团市场营销策略研究

摘 要

随着互联网的发展，数字化是20世纪以来推动经济社会发展的关键性科学成就,是人类文明的新形式。习近平总书记一直高度重视经济社会数字化转型工作,"十四五"期间强调,加快数字化发展,打造数字经济新优势,营造良好数字生态,建设数字中国,其中包括大力发展电子商务等平台经济促进数字化的业态,提升全民数字技能,实现信息服务全覆盖。2021年两会期间,"数字经济"成为最热门的词汇之一,凭借数字科技的赋能,推动各产业发展的升级转型,可以看到数字科技发展将迎来全新机遇。论文针对蒙牛集团市场营销策略的现状进行实证分析,通过经典市场营销及网络营销等理论,探究企业的"互联网+"营销方案,对于企业市场营销策略提出一定的建议。

基于论文的研究目标,结合各种研究方式,本文应用的研究方法主要包括:文献研究法、案例分析法。论文采用案例研究的基本思路进行各项研究内容的组织。首先对现阶段企业的现状进行研究分析与文献资料进行总结。通过案例企业的发展历史的回顾与发展现状的剖析,分析蒙牛集团在互联网环境下的营销现状。在此基础上,通过SWOT分析,了解蒙牛集团发展所面临的优势以及不足,并分析公司营销所处的宏观和微观环境,分析其营销策略及活动,深度剖析了"互联网+"环境下,围绕消费者的需求,通过差异化的创新产品及有效地细分市场,来满足消费者的需求与欲望。同时需建立全方位满足消费者的购买渠道,包括传统的线下渠道及互联网电子商务渠道。另外,通过多元化的营销方式,与消费者在各触点全方位沟通,提升品牌知名度。

本文以市场营销领域现有理论成果为基础,结合乳制品行业特点、案例企业发展历程与发展战略,将企业市场营销策略与互联网+背景相结合,对蒙牛集团市场营销策略进行了分析研究。蒙牛集团的迅猛增长,虽然主要外在因素是蒙牛集团的创立初期也是乳制品行业爆发性发展的黄金期,蒙牛集团自身的创新突破才是其质变的主要原因。一切市场营销活动都是以消费者为中心,从消费者的角度出发,创造出能够满足消费者需求和欲望的产品,消费者才愿意买单形成交易。蒙牛集团应将电商渠道的发展提升到更高的战略层面,建立具有电商运营及大数据支持的互联网电商渠道,进而为消费者提供便利的购买渠道,线上渠道和线下渠道互通连接,双渠道并行发力。在"互联网＋"背景下,市场营销的手段丰富多样,事件营销、跨界营销、直播、裂变营销、会员营销等,蒙牛集团需跟随时代的步伐,提前布局数字化营销的建设,充分运用数字化营销手段,并加强私域流量的运营,实现数字化转型。

关键词:互联网＋;市场营销;消费者需求;蒙牛集团

第二,提炼法,有些论文可能存在标题、摘要甚至正文中主题表达不够明确的情况,但却隐含着特定的主题内容。在这种情况下,需要对文献的标题、摘要以及全文进行主题分析,并在经过提炼后确定关键词。首先,进行主题分析;其次,分析需要标引的主题概念;最后,对选定的主题概念进行进一步分析,将它们转化为单位名词或词组,形成最终的关键词。例如,下面这个例子中,关键词并没有直接从论文标题中选取,而是从全文的研究内容中提炼出了论文的核心要点和主要工作,最后形成了本文的关键词,这需要一定的文字提炼能力,学员在有把握的情况下可以采用这种方法。

海默科技并购西安思坦风险管理案例研究

摘　要

近年来随着我国经济的飞速发展,资本市场的变化日新月异,涌现出各类跨界创新模式,越来越多的主板及创业板上市公司选择在新三板市场中寻找优质的并购标的,通过并购重组达到企业资源整合、优化配置、转型升级及多元化发展的目标。鉴于新三板市场监管力度较主板而言相对宽松,加之政府基于鼓励创新原则,频繁针对新三板市场出台各类宏观指导性调整政策,监管的松散和众多的不确定变化因素造成了上市公司在并购新三板公司的整个过程中,存在诸多潜在风险,形成相对较复杂的并购局面,如何识别并应对整个并购周期的不同类型风险,成为一个亟待解决的重要课题。

基于以上研究背景,本文以石油机械制造行业为着眼点,选取 2017 年海默科技成功并购西安思坦这一典型案例作为研究对象,通过运用战略管理分析模型对海默科技所处的石油机械制造行业的宏观环境和竞争优劣进行分析,研究**并购动因**,并以整个并购发生的时间轴为主线,**阐述并购前、并购中及并购后海默科技面临的关键并购风险**。文章主要针对并购过程中的内部风险,详细描述了海默科技在并购各个阶段**风险应对**过程中采取并实施的、适应于公司战略发展方向的各项举措。

文章对海默科技并购西安思坦风险管理过程进行评价,并对并购风险管理的财务效果和并购后的协同效应进行定量和定性的验证和评价,针对评价结果提出案例带来的启示和改进建议,旨在对油气服务和石油机械制造行业公司并购风险管理提供一定的参考和借鉴价值,也希望对海默科技并购后的战略发展具有一定的指导意义。

关键词:上市公司;并购动因;协同效应;风险识别;风险应对

二、关键词的选取要求

关键词的选取和排列有以下要求:

(1) 关键词标引的次序应根据其含义由大到小或由小到大,由内容到形式排列;

(2) 关键词要体现论文的主要内容,词组符合学术规范;

(3) 关键词要另起一行,多个关键词之间用分号隔开。

三、关键词选取需注意避免的问题

关键词选取和排列容易出现的问题有:

(1) 关键词不能起到画龙点睛的作用,无法概括全文的核心内容。例如:《社交媒体商业模式分析》一文的关键词为社交媒体、商业模式、Facebook、生态圈、盈利模式,其中"商业模式"本身是包含"生态圈"和"盈利模式"两个方面的,摘要中也并未重点强调生态圈和盈利模式,而是把重点放在了商业模式的研究上,因此,后两个关键词可略去,其并不能概括全文要点。

(2) 选取不便于检索的泛意词,不能准确反映论文主题。例如,《个别协议对研发人员创新绩效的影响机制研究》一文的关键词为个别协议、活力、员工创新绩效、咨询网络中心性,其中"活力"一词的指向性不强,在检索中也难以匹配相关文献,因此,这一关键词可以删去;《不同价值及需求在线商品的选择过载效应研究》一文的关键词为选择过载、价值、需求、SOR模型、ERP,其中"价值"和"需求"不能准确反映论文主题,应重新选取或删去。

(3) 排序顺序不当。例如:《网约车平台隐私数据管理案例研究》一文中的关键词为网约车、隐私管理、个人数据信息,其中"隐私管理"应当包括"个人数据信息",根据含义按顺序排列,两者顺序应当交换。

第三节 绪论的写作要求与常见问题

任何文章都需要一个引人入胜的开篇,MBA学位论文通常要求在开篇设立一个绪论。绪论的主要目的是阐明论文的选题、研究方向、创新点、研究方法、基本结构,以及其他关于论文的必要说明。绪论要求语言表达严谨、简练、明晰。

一、绪论的组成结构

通常,论文绪论包含以下几个方面的内容:研究背景、研究目的和意义、研究方法、研究内容、技术路线图以及创新点。

(1) 研究背景。论文的研究问题源于特定的组织和环境条件,研究背景具体涵盖三个方面:① 企业经营的外部环境;② 某个领域管理的发展趋势;③ 本企业进行相关研究的紧迫性。

(2) 研究目的。明确论文的研究目标,即为何进行这项研究。MBA学位论文的终极目的通常是提升企业竞争力,而研究目的则阐述实现这一目标的具体途径。

(3) 研究意义。详细论述研究成果的实际影响,以及这项研究结论对其他研究的基础作用。研究意义通常包括对企业、行业、国家或社会的重要意义，同时也需要强调对理论的贡献。

（4）研究方法。明确论文采用的研究方法，包括定性分析法和定量分析法。

（5）研究内容。对论文的模块划分进行介绍，包括每一模块的内容、所覆盖的章节，以及每一章（节）所要讨论的具体问题。可以借助图表予以清晰说明。

（6）技术路线图。技术路线图是指应用简洁的图形、表格、文字等形式描述完成学位论文所需的技术步骤和方法的计划和安排。

（7）创新点。强调论文相对于同行的创新之处，凸显在哪些方面取得了独特的进展。这里的"同行"指的是国内外的同行研究者。

二、绪论的写作要求

（一）研究背景

这一部分的写作要求主要是阐明研究的具体问题及为何选择研究这一问题。问题的提出往往有其背后的特定背景。总体而言，这种背景主要可以分为两种：理论背景和实际背景。理论背景通常从文献中获取，通过阅读文献找到自己感兴趣的问题。实际背景则源于对现实情况的观察，由观察现实而提出问题。实际上，即便从文献入手，也难以脱离对现实的关注，因为问题往往在文献中与现实存在相异或矛盾之处，从而成为研究问题的切入点。由于管理学属于应用学科，与基础理论等学科有所不同，因此，不宜从抽象的理论和概念比较分析中找到问题。

对于MBA学位论文而言，更应强调实际背景。许多学员都具有实际工作经验，应该充分发挥自身优势，结合工作经验和存在疑问之处，选择具有实际应用价值的研究问题。当然，有些学员会避开原工作领域的知识，选择自己不太熟悉的领域或者今后打算供职的领域开展论文研究。

有篇研究创新补助、风险投资与企业创新之间关系的MBA学位论文，在提出问题部分写道：

> 无论是从国际贸易摩擦加剧的背景还是国内建设创新强国的战略

部署来看,当今时代的竞争实际上是科技创新的竞争。企业作为微观经济活动的主体,是创新驱动战略的源泉,建设创新型国家,提高国家创新能力,最关键的是要从企业入手,培育大量创新型企业。诚然,一个企业创新能力的提高离不开自身的努力,但由于创新活动具有的公共物品属性,使得企业创新活动的正外部性较强,创新知识外溢导致私人收益远远低于社会公共收益;同时由于创新活动的长周期、高投入、高失败率及收益不确定等特征都提高了创新活动的风险性,抑制了企业主动创新的意愿,进而导致创新投入达不到最优,市场资源配置失灵,因此提高企业创新能力更需要政府伸出"有形的手"介入创新活动进行宏观调控。政府通过财政资金资助、税收优惠等手段来补贴企业创新活动,缓解企业在创新过程中面临的融资约束问题,以较少的政府资金撬动更大的社会资本投入到创新活动中去,优化创新资源配置,从而激励和引导企业发展创新。

这一段交代了研究的时空范围,指出了研究对象是企业,说明现实中科技创新引发的竞争,即现实背景,扶持企业创新活动后,预期有正面效果,但却出现了一些非预期的负面效果,此即现实问题。接着概述了政府介入创新活动进行宏观调控,从而消除这些负面效果的有效途径:

改革开放以来我国政府在塑造创新环境,激发创新活力方面做出了许多努力,在发展的不同阶段研究制定了大量科技创新支持计划,例如,从第一个国家科技计划——1982年出台的"国家重点科技攻关计划"开始,此后陆续设立了星火计划(1986年)、863计划(1986年)、火炬计划(1988年)、科技型中小企业技术创新基金、国家重点实验室等其他专项。进入21世纪以来,从中央到地方密集出台了多项支持创新的重要政策文件,从2006年制定的《国家中长期科学和技术发展规划纲要(2006—2020年)》到2016年发布的《国家创新驱动发展战略纲要》,国家对创新的战略部署层层推进,在此过程中投入了大量的资金来补贴创新活动。此外,充分发挥资本市场对企业创新的支持作用,也是国内建设创新强国战略的重要要求,而风险投资作为中国资本市场发展迅速的股权投资方式,进入被投企业除了能为公司提供创新资金、缓解融资约束之外,还能够利用自身专业的管理经验和丰富的行业资源为企业带来诸如公司治理、资源配置、创造良好创新环境等增值服务,提高企业治理水平,从而促进企业公司价值提升。

这段话说明,政府在激发企业创新活力方面做了许多努力,其中创新补助和风险投资是两种最典型的激励方式。但这两种方式是否真的如预期一样发挥激励作用,其实际效果又将如何,作者接着引申出自己的研究内容:

在政府经济资源有限的前提下,大量的资金投入是否真正起到了激励企业创新的作用,对企业创新投入和创新产出激励效果如何?风险投资作为企业创新的市场化激励方式,对创新补助与企业创新的关系又会产生何种影响?基于此,本文实证检验了创新补助对企业创新的激励效果以及风险投资对二者关系是否具有调节效应,并进一步分析风险投资特征的影响。

现实问题是企业对开展创新活动的活力不足,作者将此问题概括为政府扶持企业创新的激励效果,主要关联因素选定为创新补助和风险投资,因此,探索创新补助、风险投资与企业创新之间的关系便构成了研究问题。以上三段话组成了这篇论文研究背景的基本内容。

(二)研究目的与意义

MBA学位论文的研究目的和意义旨在为实际商业管理提供有价值的见解和解决方案,推动企业和行业的可持续发展。大多数学员会将这两者融合在一起撰写,但实际上,二者是有很大区别的。其中,研究目的侧重于解决所研究企业的现实问题,研究视角较小;研究意义则偏向于阐述论文结论对理论和实际应用可能产生的增益,或者这些结论对其他研究提供的经验支持。以一篇研究 KPI 绩效考核法应用的 MBA 学位论文为例,其研究

目的如下:

公路水运工程试验检测工作被称为公路工程建设的"朝阳行业",是围绕在建和运营的公路工程项目,这项工作的主要内容就是结合国家制定的有关制度和政策,采取合理的措施来检测公路水运工程质量及技术指标。

对于绩效考核而言,发挥核心作用的是绩效管理。这也是人力资源管理中一个非常重要的构成因素。企业绩效考核结果直接关系到员工个体的主观能动性,间接影响企业生产指标和经营目标的实现。

作为国有试验检测单位,其一方面承担着服务交通基础设施建设的基本职能,另一方面要发挥作为质量检测第三方的公正公平客观评定工程质量的职责,社会责任重大,不仅要完成企业年度生产经营指标,努力实现国有企业保值增值,还要关注企业职工的个人成长,要培养新时代试验检测专业技术和管理人才。从而促进企业实现做大做强的目标,推动试验检测行业健康发展,为交通基础设施建设保驾护航。

这篇论文的研究目的就在于为该企业完善企业绩效考核管理体系,促进其长远健康发展。下面,来看这篇文章的研究意义:

1. 理论意义

绩效考核是对组织和员工一个周期内的工作进行相对科学、公平、公正、客观的评价,让组织和员工有个客观的认识。目的并不是要讨论或强调绩效低下的问题,要结合最终得到的结果,分析出现这种结果的主要原因。并且讨论员工的工作成绩、成就和如何改进,绩效考评是一种标杆,更多的是去改善而不是惩戒。目的在于提高个人和组织绩效,提高组织人力资本。

通常情况下来说,在检测战略的目标情况的过程中就会使 KPI 关键绩效指标,以便将其战略转化为内部的具体行动,从而推动企业的发展,帮助企业获得预期的收益。"二八原理"的提出者是经济学家帕累托,这个原理也是构成绩效理论的重要部分,根据该原理的内容来看,必须高度重视关键因素。对于××公司来说,KPI通过对公司五年规划、年度目标的分解,转化为具体工作目标,从中选取合适的KPI,是做好绩效考核工作的关键。

2. 实践意义

(1)公路桥梁试验检测行业发展较快,市场化竞争激烈,国有试验检测单位属国资管理部门管理,每年有固定考核要求。公司市场化运营,独立核算,每年都有既定的利润指标。在当前行业政策和市场环境下,很有必要结合该公司具体发展情况来构建相应的考核指标,按照企业战略规划顺利完成年度指标。

(2)从十九大之后,国有企业更加重视党员干部群众的政治品质。作为国有公路水运试验检测单位,在关注利润和发展指标同时,也要关注党员干部的政治素质。在当前政治形势下,国有企业在考核指标设计时考虑将政治素质指标纳入,作为方向和指引,对于培养所属人员的政治素质具有重要的意义。

(3)××公司自成立21年以来,一直致力于服务交通基础设施建设,以服务为本,为工程质量把关。作为全国资质证书第一号的单位,是全国起步最早的单位,在全国公路水运检测行业都具有一定的知名度,也为公路水运试验检测行业培养了大量的专业技术和管理人才。作为国内一流试验检测企业,有责任和义务继续培养高素质的复合型人才。××公司在国有试验检测单位中,绩效考核工作从2000年之后就开始摸索实行,起步也较早,研究该公司的绩效考核体系,一方面对于提高××公司自身的绩效管理水平,提高员工工作积极性,提高单元生产率,促进科研发展具有重要意义;另一方面,对于安徽省内外的国有公路水运工程试验检测单位的绩效考核方法的选择具有参考和借鉴意义。

可以看出,研究意义的视野较大,这篇论文的研究从理论分析上来看,能够对员工的个人能力提升及企业的长远发展产生促进作用,而从实际意义上来看,结合当前的行业政策和市场环境,研究的实践意义同样重要。

(三) 研究内容与技术路线图

研究内容旨在介绍论文整体的模块划分、每一模块所需要论述的内容、所涵盖的章节、每一章节所要论述的问题等。学员们可以适当借助图表（技术路线图）进行说明。论文结构就是论文的框架，通过介绍论文结构让读者可以从宏观上掌握论文的内容布局情况。例如，某篇研究"互联网＋"环境下××集团市场营销策略的 MBA 学位论文，其结构安排如下：

第一章　绪论：集中阐述本论文选题背景，研究目的和意义以及主要研究内容和方法。

第二章　理论基础与研究综述：对企业价值评估理论研究现状进行分析，主要对"市场营销""市场细分""市场定位"等基本概念进行界定，并对"传统营销理论""网络营销理论"等理论进行梳理和分析，建立论文研究的理论体系，另外，将国内及国外相关的文献资料进行梳理，分析论文研究的价值及研究切入点。

第三章　"互联网＋"环境下××集团的市场营销分析：对××集团展开 SWOT 分析，从企业的整体角度分析其优势、劣势、机会以及威胁等，另外，探析××集团在互联网＋环境下的市场营销策略，如产品、价格、促销及渠道策略等，以及目前存在的问题剖析。

第四章　"互联网＋"环境下××集团的营销组合分析：深度剖析了"互联网＋"环境下，围绕消费者的需求，通过差异化的创新产品及有效地细分市场，以及多元化的营销方式，与消费者进行沟通和互动。

第五章　××集团给我们的启示和借鉴：首先汇总全文各主要研究结论，其次对案例企业营销策略进行总结分析。

技术路线图的具体形式可以根据研究内容和领域的不同而有所变化，但通常包括流程图、时间轴或其他图形元素。在撰写 MBA 学位论文时，可以根据需要选择最适合展示研究设计的形式，并确保技术路线图与论文的整体结构和内容相协调。例如，某篇研究控股股东股权质押及经济后果的 MBA 学位论文，其技术路线图如下：

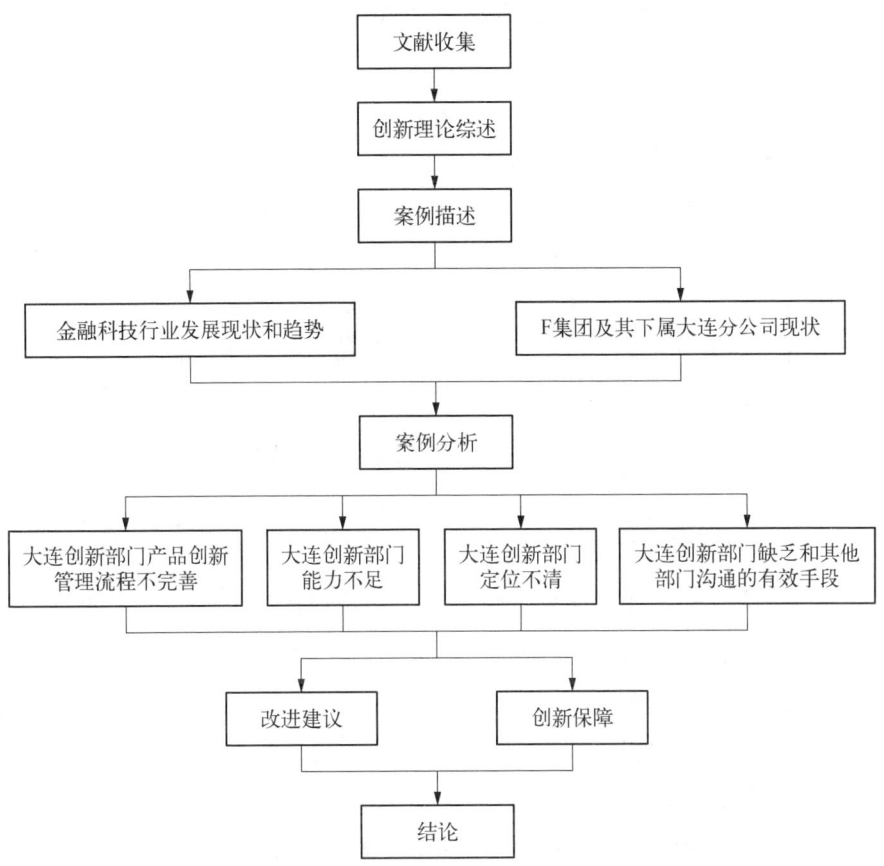

（四）研究方法

一般涉及问卷调查法、案例分析法、比较研究法、统计分析法以及理论联系实际的方法等。需要注意的是，SWOT 分析、波士顿矩阵等是管理工具而并非研究方法。例如，某篇研究××免税店服务接触型员工激励优化的 MBA 学位论文，其研究方法如下：

1.4　研究方法

（1）文献研究法。通过阅读国内外文献，收集整理关于激励理论、服务接触相关研究成果，结合××免税店的实际发展需求初步梳理出免税行业服务接触型员工激励优化方案中需要注意的问题。

（2）问卷调查法。向××免税店服务接触型员工发放纸质调查问卷。发放人群包含导购员、客服员、提货员、安防员、保洁员,目的是为了得到免税店所有服务接触型岗位员工的意见和建议。

(3) 深度访谈法。选取××免税店部分服务接触型员工,通过面对面的沟通交流认真听取并记录他们的意见和建议,结合实际收集到的数据进行整理和分析。

(4) 统计分析法。本论文采用 SPSS 软件对深度访谈、问卷调查数据进行分析整理。将得出的数据做归纳总结,总结出免税行业服务接触型员工对优化员工激励方案的意见,以及该优化方案如何付诸实施的意见,并将意见进行整理分析,采纳进免税行业服务接触型员工激励的优化方案中。

(五) 论文创新点

论文创新不一定要求彻底颠覆以前的结论或提出全新的理论体系。更为实际的情况是,在综合前人研究和现状总结的基础上,针对同一问题提出不同的解决方法,或对现有方案进行改进,也被认为是创新。MBA 学位论文注重实际应用,因此,创新点通常体现在将国内外成熟的方法有针对性地运用于解决企业实际问题上,而非理论层面的彻底创新。例如,某篇研究××食品有限公司人才梯队建设的 MBA 学位论文,其创新点如下:

(1) 本文以××食品有限公司为研究对象,结合先进的人才梯队建设经验,较为系统地介绍食品企业在人才梯队建设时,所应遵循的依据和主要关注点,以及建成后进一步优化人才梯队建设的甄选、培育、激励和晋升等方面进行合理化对策与建议,这对食品行业企业构建或完善人才梯队建设具有借鉴价值。

(2) 本文以××食品有限公司为研究对象,通过对人才梯队建设在食品行业企业的研究与实践,提出符合食品行业人才梯队建设的方法体系,建立相关的岗位胜任力模型。归纳总结以往国内外人才梯队建设的经验,结合××食品有限公司实际情况,提出符合食品行业特点的人才梯队建设的相关措施与方案,增强人才梯队建设的可操作性和实践性。

(3) 本文对××食品有限公司人才梯队建设的研究发现,人才梯队建设需要不断完善和优化人才甄选标准、人才培育方案,不断提升人才梯队建设的认识力度,建立完善的人才方案,拓宽人才晋升的通道,完善员工档案库,建立金字塔型人才库。本文研究对提升人才梯队建设认识,提高企业人才核心竞争力,创建新时代人才梯队建设方案具有一定的实际应用价值。

三、绪论写作需注意避免的问题

(一)内容缺失,要素不明

这是最为常见的一个问题,很多学员没有梳理绪论的写作框架就着急下笔,最后不是缺了这部分,就是缺了那部分,有的甚至把两部分内容混为一谈。例如,下面这个例子:

第1章 绪论
  1.1 选题依据
  1.2 国内外研究现状
  1.3 论文的主要内容和技术路线

像这篇论文的绪论结构问题就很典型,不少学员在写案例研究的时候,会习惯性地将文献综述放在绪论里,但是文献综述本身就应该单独归为一章,它是全文研究开展的基础和前提,作用不容小觑,无论什么类型的MBA学位论文都需要重视文献综述的撰写。此外,"选题依据"这个概念并不确切,同时让读者和评阅人难以区分这一部分是研究背景还是研究目的,还是要用"研究背景""研究目的及意义"等词组作为标题。同时,这篇论文缺少"研究方法"和"创新点"等内容,这一缺点也十分常见,大多数论文还缺少技术路线图。所以,在写作过程中要注意,保证每一部分都落实到位、详略得当。

(二)逻辑结构混乱,内容排序不当

绪论的逻辑结构对于引导读者和评阅人理解研究至关重要。有时学员在绪论的论述过程中逻辑结构混乱,难以理清思路;一些学员在绪论里填充了其他章节的内容,这导致了整个绪论缺乏结构性。例如,下面这个例子:

第1章　绪论
 1.1　选题背景和意义
 1.2　研究目的和内容
  1.2.1　研究目的
  1.2.2　研究内容
 1.3　研究方法与框架
  1.3.1　研究方法
  1.3.2　研究框架
 1.4　EPC工程总承包项目国内外研究现状及文献综述
  1.4.1　国内研究现状及文献综述
  1.4.2　国外研究现状及文献综述
  1.4.3　文献述评
 1.5　国内EPC工程总承包项目存在的问题
 1.6　本文的研究特色与不足
  1.6.1　本文的研究特色
  1.6.2　本文的不足

"1.4　EPC工程总承包项目国内外研究现状及文献综述"和"1.5　国内EPC工程总承包项目存在的问题"的内容明显不属于绪论部分,而作者把这两部分放置到这里,明显结构混乱。同时,"1.5　国内EPC工程总承包项目存在的问题"的目的应该是要引出本文的研究背景和研究目的,这可能会与"1.1　选题背景和意义""1.2　研究目的和内容"的内容重复,内容排序不当。因此,在撰写绪论时应该按照一定的逻辑顺序安排章节段落,确保每一步都自然而然地引导到下一步。

第五章
MBA 学位论文的正文写作

第一节 案例研究类论文

案例是对特定企业或组织管理情境的真实、客观描述和介绍。撰写案例,尤其是案例研究类论文,是按照论文的要求对企业或组织的特定管理情境进行系统性研究和分析。在企业实际工作中,涌现出许多成功或失败的实例,通过案例形式呈现,可以将宝贵的经验或教训总结提炼,用于学术交流和实践教学。无论对于案例编写者本人还是所涉及的组织,撰写高质量的案例研究类论文都具有重要的意义。因此,专业学位教育鼓励学员们撰写高质量的案例研究类论文。案例研究类论文写作的基本步骤包括收集案例素材与确定标题、案例介绍、案例分析、解决方案设计与实施。

一、案例素材的收集与标题的确定

(一)收集案例素材

收集案例素材是撰写论文的前提,一篇优秀的案例研究类论文必须具有好的案例素材。案例的素材必须真实可靠,至少一半源于学员的亲身经历或本单位的管理实践,相关数据必须征得所在单位的同意才能使用,必要时需将有关单位名称、有关人物的真实身份、相关数据等做掩饰性处理。以下是一些有助于收集案例素材的方法:

(1)实地调研目标公司/组织:深入了解公司运营模式、市场策略等,通过访谈员工、管理层等不同角色的人群获取翔实信息。

(2)研究相关行业报告:查阅行业研究报告和文献,把握目标行业的最新动态和发展趋势,为案例研究提供有力支持。

（3）利用在线资源：参考公开案例和新闻报道,利用在线搜索引擎,迅速获取相关数据和资料,拓展案例研究的信息来源。

（4）加入专业社交网络平台：通过加入专业社交网络,如 Linked In,建立与专业人士和专家的联系,获取实用案例素材。

（5）参与行业研讨会：积极参加行业内的各类研讨会,直接与专业人士交流,汲取宝贵案例研究经验。

（6）寻求导师建议：向导师请教,解决在案例收集过程中遇到的问题,获取专业指导和建议。

（二）确定案例标题

标题最好能够突出案例中的典型情境或反映案例中事件的主题。一般而言,案例的标题有两种形式：一种形式可以用案例中的事件作为案例的标题,如"××集团债务违约""××公司参与精准扶贫"等；另一种形式是将案例事件所反映的主题作为案例的标题,如"H 小额贷款有限公司人才流失""网约车平台隐私数据管理",这就需要将案例所反映的主题加以明确和归纳。学员们一般在对案例主题进行总结归纳时容易出现问题,例如：

标题《〈案例〉：××公园——基于游憩体验的游憩环境提升策略研究》中,首先,标题中不应该带书名号,书名号一般用于标明书名、篇名、报刊名、文件名等,明显"案例"两字并不符合。其次,标题的一般撰写原则为"小题大做"或"小题深做",此标题中破折号后面的内容才是研究的主题,应该放在主标题中,因此,标题可修改为《基于游憩体验的游憩环境提升策略研究——以××公园为案例研究》。

标题《科特迪瓦的外商直接投资研究——基于案例研究》中,首先,"外商直接投资研究"并没有体现出案例所反映的主题是什么,这样会让专家从题目上难以理解这个选题。其次,破折号后面的"基于案例研究"是明显的病句,"基于××的案例研究"才是正确的写法,如果不需要副标题指明是哪个案例,可删去副标题,因此,标题可修改为《企业外商直接投资的影响因素分析——基于科特迪瓦的案例研究》。

二、案例介绍的写作要求与常见问题

所有的事件都发生在特定的时空框架与背景之中。案例介绍一般简要描述案例中事件发生的时间、地点、原因和条件等方面的基本情况,这些介绍对评阅人完整地理解案例的过程,评判案例中问题解决的策略是否合适等都非常重要。实际上,案例介绍就是案例事件和过程的"前因",有此"前因",才能有案例的发生过程这一"后果"。不同的背景,常常会导致不同的问题解决后果。在撰写案例介绍时,有以下几点写作要求:

(1) 案例选择:选择一个具有代表性和典型性的案例,可以是成功的或失败的单个案例,也可以是多个案例并举,但必须与自己的研究主题紧密相关。

(2) 案例背景:简要介绍所选案例的基本情况,包括公司/组织的名称、所在行业、市场地位等信息。

(3) 案例描述:详细描述案例中的问题或现象,以及该问题或现象对公司的影响。这可以让评阅人更好地理解论文所研究的内容。

(4) 结论:在案例介绍的结尾部分,简要总结案例中的主要问题或现象,并引出下一步的研究目标。

案例介绍一般放在全文的第三章,参考结构如下:

例1:
第三章 ××省医疗救助资金审计案例介绍
    3.1 ××省医疗救助资金基本情况
        3.1.1 ××省医疗保障事业建设基本情况
        3.1.2 ××省医疗救助金基本情况
    3.2 ××省医疗救助资金审计过程
        3.2.1 审计组织
        3.2.2 审计准备阶段

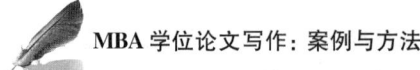

  3.2.3　审计内容与重点
 3.3　××省医疗救助资金审计的发现与总结
  3.3.1　审计发现
  3.3.2　审计总结

  其中，3.3是大家在撰写案例介绍时最容易忽略的部分，一方面这部分很可能与下文案例分析的内容区分不开，另一方面这部分的撰写很考验学员从案例中发现问题和探索问题的能力。

  在案例介绍中，要点的发现及总结通常更偏向于引导学员对案例进行思考，提出一些引人关注的现状或情况。学员从下文3.3的内容也可以看出，"审计发现"中的三个要点是在案例梳理的过程中概括出来的三个亟需关注和解决的现实困境。

3.3　××省医疗救助资金审计的发现与总结

3.3.1　审计发现

  一是医疗救助金结余大，未及时降低救助门槛。基金累计结余占筹集基金总额的比重较高。根据《城乡医疗救助基金管理办法》，基金累计结余一般应不超过当年筹集基金总数的15%，2020年××省城乡医疗救助基金收入3.89亿元，支出3.01亿元，年度收支结余0.88亿元，基金滚存结余4.89亿元，基金累计结余占该年度筹集基金总额的比例为125.90%，当前的城乡医疗救助基金累积结余较多，远高于管理办法的要求，基金尚未得到充分、有效、均衡、合理地使用，反映出当前救助对象可能存在受益范围较小和程度较低的问题。

  二是未及时取消已死亡人员的医疗救助资格，违规发放医疗救助资金的问题。审计小组将医疗救助监管系统存量补贴对象信息与公安部门销户人员（已死亡并注销户口）信息进行比对，发现部分市县不同程度存在通过"一卡通"继续向死亡人员发放补贴和相关救助资金的情况，造成财政资金损失浪费，导致部分国家补贴资金没有发放到真正应该享受政策的群众手中。为严格执行国家补贴政策，应及时纠正错发、冒领等违规行为。

三是少数市县财政局存在没有全额拨付(下达)或延期拨付(下达)医疗救助资金到财政专户(经办部门)的情况。××省财政厅2020年共下达市县财政局医疗救助补助中央资金30 424.00万元、省级资金2 800.00万元,合计33 224.00万元。在市县财政局拨付(下达)到市县财政专户(经办部门)环节,D市财政局延期到2021年拨付(下达)351.57万元医疗救助补助中央资金到财政专户(经办部门),L县财政局延期到2021年下达306.58万元医疗救助补助中央资金、240.00万元省级资金到经办部门,G县财政局延期到2021年拨付377.79万元中央资金到财政专户。

随后的"审计总结"也侧重于初步的观察和思考,提出一些可能的解决举措,而非具体的行动计划。而在案例分析阶段,问题及建议的性质可能更加深入和详细。案例分析中的问题通常更专注于深层次的挖掘,剖析现实困境存在的根本问题及原因,并提供更为系统的解决方案。建议包含更具体的行动计划,以解决案例中涉及的问题。

3.3.2 审计总结

审计调查结果表明,××省各市县医保、财政等部门能够贯彻执行党中央、国务院和省市关于深化医疗保障制度改革和完善社会救助制度的决策部署,积极履行职责,筑牢民生保障底线,在完善医疗救助体系、筹集医疗资金、落实医疗救助待遇、提升医保服务效能等方面取得一定成效,群众对政策知晓率逐渐提高,救助申报及审批程序总体趋于公平、公正、公开,救助资金发放及时到位。但在医疗救助资金使用、管理和政策执行及落实方面还存在一些不足,需要进一步改进提高。

针对上述审计中发现的问题,审计小组对××省提出以下审计建议:

(1) 深化预算管理,加强预算执行

一要按照预算法及相关要求,加强对医疗救助资金"精细化"管理,确保年度预算完整性和准确性；二要将医疗救助资金全部纳入支出预算"盘子"，统筹研究预算安排，从源头上优化财政资源配置；三要加强医疗救助资金预算约束，确保预算的"刚性"，严格执行人大批准的预算。

(2) 核实信息，清理违规发放资金

核对低保、特困供养、残疾人两项补贴等相关社会救助对象信息，核实保障对象身份信息是否准确、是否存在已死亡销户，核实补贴发放信息是否准确等，清理出统发监管系统中属于违规发放的补贴资金，如补贴对象死亡后超期发放的核算到人的补贴资金、死亡绝户后仍在发放的核算到户的补贴资金、虚假冒领的补贴资金等。根据补贴对象的死亡时间，追溯补贴对象死亡以来，违规发放的补贴资金。关注补贴审核过程中是否存在违规违纪问题，加大动态管理力度，补贴对象死亡一月以上违规发放的各类惠民补贴要及时追回。在补贴政策实施前就已死亡的情况，严查是否存在虚报冒领、私存私分补贴、优亲厚友、以权谋私等情况。

(3) 加强对医疗救助资金的管理

省医保局、省医保服务中心等主管部门要加强对市县医疗救助经办部门的政策指导和业务监管，市县医疗救助经办部门要依据《社会保障基金财政专户会计核算办法》加强对医疗救助资金的日常管理，提高医疗救助资金会计信息质量。市县医疗救助经办部门要确保医疗救助资金账实一致，在移交医疗救助职能时及时上缴结余资金。日常填报《医疗救助基金收支情况表》时，要注意全面考虑财政专户和经办部门支出专户，不要遗漏并且注意和账面数据的钩稽，省医保中心要加强对市县上报数据的初核，省医保局要做好用款计划审批。市县财政局要及时拨付医疗救助资金到财政专户，不得挪用、延迟拨付。由于全省医疗救助资金结余金额较大，对于历年遗留尚未报销的支出单据各市县要积极核对并清理。

(4) 完善医疗救助金内部监督体制

医疗救助资金为公众提供服务，与人民群众的利益密切相关，因此需要不断完善相应的内部监督制度,实现医疗救助资金的规范化管理。这是因为医疗救助领域情况复杂,涉及不同群体、不同规模的资金,是一项与人民群众生活资料相联系的重要工作。因此,必须不断加强相关部门的内部监督,在资金内部建立科学的内部控制机制,以提高医疗救助资金的监管水平。在政府对医疗救助资金进行审计时,其内部审计部门应积极配合,发现问题及时向政府审计组报告,以引起政府的重视,在其产生负面影响之前制止和纠正。同时,也要优化负责资金管理有关机构的管理制度,确保其支持审计监督。

下面来看大部分学员在撰写案例介绍时容易出现的问题:

例2:
第四章　案例描述 …………………………………… 19
　4.1　医院简介 ………………………………………… 19
　4.2　医院信息系统现状 ……………………………… 21
　4.3　医院会计信息系统现状 ………………………… 22

4.3　医院会计信息系统现状

结合目前学术界对广义会计信息系统的理解,对医院会计信息系统现状进行剖析,将医院会计信息系统划分为五个层面,基本含括了与会计相关的所有方面,分别为制度层面、信息技术层面、人员分配层面、财务工作职责层面、财务工作目标层面。

制度层面以医院财务和会计相关的规章制度为主导,对整个会计信息系统运行起到指导、约束、规范作用,因此财务、会计方面的规章制度是会计信息系统有效合规运行的基础。信息技术层面,医院利用HIS系统、财务软件等与财务相关的软件系统对医院的会计信息系统进行数字化赋能,这也是医院高效开展各类财务工作的前提。人员分配层面,由于医院财务信息的生成、处理以及使用主体包括了所有部门、职工,因此全院职工都可看作是会计信息系统的组成部分,他们在会计信息系统中被分为三类:财务信息生成者、财会人员、财务信息使用者,其中财务人员发挥着主要作用,目前医院财务科共有7名工作人员,其中高级会计师1人(财务科科长),中级会计师4人,初级会计师2人。财务工作职责层面,医院财务人员的工作职责主要包括财务核算和监督、财务管理、财务预算、成本核算、薪酬绩效管理等方面,这些基础性、日常性的财务工作,为医院会计信息系统的持续运转提供"源动力"。财务工作目标层面,财务工作是以输出各种财务报表、支持经营决策、提高经济效益以及降低财务风险等方面为最终目的,因此这一层面是医院会计信息系统的创造价值的体现。

根据上述医院会计信息系统的剖析,绘制出了医院会计信息系统的全景图。这五个层面之间相互依存,相辅相成,共同促使会计信息系统有效运行,每一层面的丰富完善都是对整个会计信息系统的完善和优化。

这篇案例介绍存在一个很典型的问题——"由大到小、舍本逐末"。这一章的行文逻辑很清晰,从医院到其信息系统再到会计信息系统,用了较长的篇幅去介绍这家医院及其信息系统的发展(目录页码也印证了这点)。然而,本文的研究主题"会计信息系统"的相关介绍太少(见上文4.3),仅描述了医院这一会计系统目前的组成部分,不符合写作要求中的"案例描述",即未详细描述案例中的问题或现象,以及该问题或现象对公司的影响。最后,本文未对案例进行经验总结。

例3:
第三章　研究方法和案例企业介绍 ………………………………… 19
　　3.1　研究方法与案例选择 ………………………………………… 19
　　3.2　案例公司简介 ………………………………………………… 21
　　3.3　案例公司询价转让过程 ……………………………………… 22

例3较例2有明显的改进,但也出现了案例介绍中经常会犯的一个问题——"有头无尾"。"案例介绍"不是简单的文字数据堆砌,是需要在梳理事件脉络的过程中,有逻辑、有条理地描述这一事件发生的背景、过程及影响,从而能够完整地呈现这一事件的全貌,方便评阅人快速地了解所选案例。例3论文在3.3节的描述中仅用数据展示了三个公司之间两次询价转让的股本和股价变化(见下文3.3),未描述这一事件对案例公司的影响,最重要的是,没有对这一事件进行细节概括和归纳总结,让人难以快速了解事件的核心。

3.3 案例公司询价转让过程

新风光大股东询价转让的减持过程如下:

2022年5月11日,新风光披露了大股东询价转让的计划书。公告表示,新风光出让方为其第二大股东山东省高新技术创业投资有限公司,因自身资金需要,预计转让股份1 399 500股,占新风光总股本的比例为1.00%,并确定了询价转让的底价为19.5元/股。由中信证券股份有限公司组织本次询价转让的流程,并于计划公告当天发布其核查意见。

券商通过向机构投资者发送认购邀请,共收回9家机构投资者的报价,其中包括有保险公司、基金管理公司、证券公司、QFⅡ(合格境外机构投资者)及私募基金管理人等专业投资者,认购金额达到1.53亿元,有效认购倍数达到5.61倍。本次询价转让最终初步确定了两家机构投资者。

2022年5月20日,新风光披露了询价转让的结果公告。本次询价转让共实现减持1 399 500股,占总股份的1%。减持受让方为两家私募基金管理人深圳市恒泰融安投资管理有限公司和铸锋资产管理(北京)有限公司,分别受让股份比例为0.82%和0.18%,本次询价转让也最终确认转让定价为21.39元/股。

本次询价转让从公告计划到公布转让结果共计10天,山东高新投资的持股比例由7.35%降至6.35%,仍旧为新风光的前三大股东之一。

减持后第 7 天,即 2022 年 5 月 27 日,新风光再一次披露询价转让减持计划公告,减持方依然为山东高新投资,在有了第一次询价转让的经验后,山东高新投资将本次的减持比例提高至 1.5%。第二次询价转让受让方的机构投资者类型更加丰富,包括证券公司、基金管理公司、私募基金和 QFⅡ,共计四家机构投资者。其中,深圳市恒泰融安投资管理有限公司也再次参与了本次的减持受让,受让比例为 0.79%,两次合计受让股份比例共 1.61%。本次减持共计 13 天完成。

两次询价转让完成后,新风光大股东山东高新投资共通过询价转让减持股份比例 2.5%,获得减持收益共计 2.37 亿元;其持有新风光股份比例由 7.35% 降至 4.85%,持有比例降至 5% 以下。

三、案例分析的写作要求与常见问题

案例研究的重点是对案例事件以及案例发生过程进行详略得当的客观分析。在分析的时候,要围绕着案例的主题,说明事件是如何发生的、如何发展的,在这一过程中产生了哪些突出的问题,原因有哪些,怎样解决这些问题,问题解决过程中出现了哪些反复、挫折和困难,问题解决的效果等。总之,要对事件发生、发展以至结局有较为完整的系统性分析。在撰写案例分析时,有以下四点写作要求:

(1) 明确研究目标:在案例分析之前,先明确想要通过案例分析达成的研究目标。可能是解决问题、提出建议、解释现象,等等。

(2) 数据搜集处理:在分析案例之前,需要收集大量有关企业和市场的数据。确保数据的准确性,并根据需要对其进行适当处理。

(3) 结构化分析:采用一种结构化的分析方法(如 SWOT 分析、PEST 分析等),这有助于案例分析时更有效地梳理和组织信息。

(4) 合理利用图表:使用图表可以帮助评阅专家更容易理解案例分析的结果。要确保简洁明了,符合标准的图表制作要求。

一般来说,案例分析的结构并没有明确的限制,只要围绕研究问题条理清晰地一步步剖析即可,但为了规范论文写作,现总结出三类案例分析的常见写作结构,供大家参考。

一是大家普遍采用的"存在的问题——原因分析"的分析结构,参考如下:

例4:
第四章 医疗救助资金审计存在的问题及原因分析
  4.1 医疗救助资金审计存在的问题
    4.1.1 资料数据获取困难
    4.1.2 审计工作效率仍需提升
    4.1.3 后续审计整改及监督效果有待加强
    4.1.4 审计项目人力资源不足
  4.2 医疗救助资金审计存在问题的原因
    4.2.1 未充分考虑在被审计单位不配合的情况下如何推进取证工作
    4.2.2 各地政策落实程度差异引发审计沟通问题
    4.2.3 缺乏审计机关和公众参与的有效监督
    4.2.4 医疗救助资金审计人员结构有待完善

例4可以与上文例1中3.3的内容比较来看,4.1的内容是对3.3中三个"发现"的进一步探讨,挖掘这三个现实困境背后的深层次问题,然后再基于这些问题剖析成因,达到抽丝剥茧的效果。

二是条理清晰、逻辑性较强的"研究问题—研究思路—理论依据—问题分析"的分析结构,参考如下:

例5:
第三章 案例分析
  3.1 研究问题
  3.2 研究思路
  3.3 理论依据:动态能力理论
    3.3.1 动态能力概述
    3.3.2 企业战略转型升级

3.3.3 动态能力与企业战略转型升级的关系
3.4 研究问题分析
3.4.1 ××汽车战略转型升级的原因：内外部因素的影响结果
3.4.2 ××汽车战略转型升级关键核心要素识别
3.4.3 ××汽车战略转型升级面临的关键问题与解决
3.4.4 ××汽车战略转型升级成功原因分析
3.4.5 ××汽车战略转型升级的作用机理

三是结构化分析，这一类没有统一的框架，需运用理论方法合理分析即可，参考如下：

例6：

第四章 ××公司MPP业务案例分析
4.1 基于市场细分理论的营销策略分析
4.1.1 PC市场细分
4.1.2 MPP业务目标市场选择
4.1.3 MPP业务市场定位
4.2 基于4Cs营销理论的策略分析
4.2.1 客户需求
4.2.2 客户愿付成本
4.2.3 客户便利
4.2.4 客户沟通
4.3 基于关系营销理论的营销策略分析

下面来分析MBA学员在撰写案例分析时容易出现的问题：

例7：

第二章 案例正文

  2.1 P 保险公司概况
    2.1.1 基本情况
    2.1.2 管理岗位人才继任工作现状
  2.2 案例描述
    2.2.1 勉强任命的部门经理
    2.2.2 优秀人才绩效突然下滑
    2.2.3 上任一个月竟提出离职
    2.2.4 大一统培训体系下新晋干部的困惑
第三章 案例分析
  3.1 理论和模型
    3.1.1 接班人计划
    3.1.2 人力资源规划
    3.1.3 人岗匹配理论
    3.1.4 领导力开发培训
  3.2 案例分析
    3.2.1 缺少岗位需求预测
    3.2.2 选拔标准缺乏岗位差异性
    3.2.3 评估方法缺乏科学性
    3.2.4 人才培养缺乏专业针对性

  从例 7 这篇文章的结构中,可以明显看到经常会出现的一个问题——"存在的问题"与"原因分析"脱节。2.2 节"案例描述"中过早地对研究问题进行分析总结,导致 3.2 节"案例分析"的内容显得十分单薄。因此,在案例研究写作中,一定要明确案例介绍和案例分析的区别,同时合理安排这两章的内容,不要出现重复、脱节、赘述等问题。

例 8:
第四章 案例描述与案例分析
  4.1 案例描述

　　　　4.1.1　阶段一：连接——寻找合作伙伴
　　　　4.1.2　阶段二：互动——适应彼此关系
　　　　4.1.3　阶段三：协作——内外共同作用
　　4.2　案例分析
　　　　4.2.1　建立战略联盟
　　　　4.2.2　形成社会网络
　　　　4.2.3　实现整体协同

例8这篇论文的问题同样十分典型——混淆"案例描述"和"案例分析"。"案例描述"更多地在于重现一个事件的发生过程，并不带有主观的判断与评价；"案例分析"更多地侧重在事件发生过程中，就某一点或某些方面进行主观上的剖析。此文中4.1节"案例描述"的内容应归在4.2"案例分析"之下，而"案例描述"的内容需要重新梳理撰写。

四、解决方案设计与实施的写作要求与常见问题

在案例研究类论文中，解决方案设计与实施部分是关键的组成部分，其意义在于展示研究者如何基于对案例的分析，提出切实可行的解决方案，并探讨这些方案在实际操作中的应用情况。在撰写解决方案设计与实施时，有以下两点写作要求：

（1）解决方案设计：这部分内容是研究者根据案例分析所发现的问题和挑战，提出具体的解决方案。设计解决方案需要综合考虑企业的实际情况、理论依据以及行业最佳实践，这些解决方案应当紧密围绕案例中所揭示的管理现象、管理困境和决策挑战，力求提供实质性的改善或解决路径。

（2）实施保障：为确保提出的解决方案能够顺利执行，研究者所设计的一系列支持措施和保障机制。这包括资源配置、时间安排、风险管理、监控机制等，旨在确保解决方案从设计到执行的全过程顺利进行。

解决方案设计与实施一般放在全文的第五章，参考结构如下：

例9：

第五章 基于1104报表的××商业银行流动性风险管理改进方案设计与实施

    5.1 ××商业银行的流动性风险管理改进方案设计

        5.1.1 ××商业银行流动性风险管理改进目标与原则

        5.1.2 基于1104报表的流动性风险识别与预警

        5.1.3 提升××商业银行流动性风险管理水平的对策

    5.2 ××商业银行的流动性风险管理改进方案实施保障

        5.2.1 组织与制度方面的配套措施

        5.2.2 人力资源方面的配套措施

        5.2.3 科技金融方面的配套措施

这一章往往容易被学员忽略，尤其是在撰写案例研究类论文时，案例分析不是正文的结束。无论案例分析最后得出了什么结论，都需要落脚到解决实际问题上，因为这一章不仅是对前文分析的延伸和实践，更是对整个研究的实用性和可操作性的验证。解决方案设计需要提出具体、可行、创新并有理论支撑的方案，而实施保障则需要确保这些方案能够顺利落地，通过详细的资源配置、时间安排、风险管理和监控机制来确保实施效果。这两个部分共同构成了完整、有效的管理咨询建议，为企业或组织提供实际可行的改进路径和保障措施，到此才是一篇结构完整的案例研究类论文（正文部分）。

下面是在撰写解决方案设计与实施部分时最容易出现的问题：

例10：

第五章 软件项目管理建议及优化策略

    5.1 总体优化思路

    5.2 加强软件项目的知识管理

    5.3 项目过程中的沟通管理优化

    5.4 软件项目管理流程优化

一般来说，在案例分析章节发现的企业管理问题，在论文中一一对应地提出合理可行的解决方案就可以了。但是在这个过程中，很容易出现例10中的问题——"理论方案，实践困难"。解决方案设计只是理论层面的构想，缺乏实施保障意味着没有考虑到解决方案在实际操作中可能面临的挑战和障碍。这使得解决方案在实际应用中可能无法顺利执行，从而影响解决问题的效果，也降低了解决方案的可操作性。因此，为了确保解决方案的有效实施和问题的有效解决，必须在解决方案设计的基础上充分考虑实施保障，提供详细的实施计划、资源安排、风险管理和效果评估等方面的内容，以确保解决方案能够顺利实施并取得预期的效果。

第二节 企业诊断类论文

企业诊断就是分析、调查企业经营的实际状态，发现其性质、特点及存在的问题，并以建设性报告分析的方式，提供一系列的改善建议。这需要根据所学的有关知识，运用科学、有效的方法，在充分的调查、研究、分析、计算的基础上，找出企业在经营过程中的各个环节或某几个环节上存在的问题，并着重分析造成这些问题的内因与外因，最后提出改进建议。企业诊断类论文是专题研究类论文中最为常见的一种类型。其基本步骤一般包括企业现状介绍、问题诊断和成因分析以及解决和改进方案三个部分，但在撰写战略性论文时，需要增加一部分内容，即企业环境分析。

一、企业环境分析的写作要求与常见问题

企业总是在一定的环境中经营，企业战略也是在一定的环境因素制约下制定与实施的。环境决定企业的战略，企业的战略决定相应的组织结构和管理方式，影响营销、生产、采购、财务等一系列管理职能的发挥。因此，只有撰写战略性的论文，把企业当成一个整体时，才需要写"企业环境分析"。如果论文是关于企业管理的某个方面（比如，营销渠道、人才绩效、品牌形象等），则不需要进行"企业环境分析"，但要在"企业××存在的问题及原因分析"这一章中分析某个方面的具体问题。

企业环境是指存在于企业周围、影响企业经营活动及其发展的各种客观因素与力量,一般可以概括为外部环境和内部环境两个方面,其中外部环境包括宏观环境和行业环境。一篇优秀的 MBA 专业学位论文,应该简要而重点地对论文中涉及企业的环境进行分析。许多学员看别人的论文中有企业环境分析,自己也将从各处收集的大量笼统的文字放在论文中,和前后文没有衔接。在此,建议在进行企业环境分析时,多提供相应的数据图表,而不是干巴巴的文字,这样更具有说服力。

(一) 宏观环境分析

宏观环境是在一定时空内存在于社会中的各类组织均面临的环境,通常称为大环境。PEST 分析法是一个常用的对于宏观环境的分析工具,它通过四个方面的因素从总体上把握宏观环境,并评价这些因素对企业战略目标和战略制定的影响。

(1) P 即 Politics,政治要素。它是指对组织经营活动具有实际与潜在影响的政治力量和有关的法律、法规等因素。当政治制度与体制、政府对组织所经营业务的态度发生变化时,当政府发布了对企业经营具有约束力的法律、法规时,企业的经营战略必须随之做出调整。例如,2018 年《关于规范金融机构资产管理业务的指导意见》发布,我国资管行业迈入金融统一监管的新时代。这项新规将严重影响资产托管业务的发展。

(2) E 即 Economic,经济要素。它是指一个国家的经济制度、经济结构、产业布局、资源状况、经济发展水平以及未来的经济走势等。构成经济环境的关键要素包括 GDP 的变化发展趋势、利率水平、通货膨胀程度及趋势、失业率、居民可支配收入水平、汇率水平等。例如,全球金融危机、流行病疫情发生时,都对企业经营有不利影响。

(3) S 即 Society,社会要素。它是指组织所在社会中成员的民族特征、文化传统、价值观念、宗教信仰、教育水平以及风俗习惯等因素。构成社会环境的要素包括人口规模、年龄结构、种族结构、收入分布、消费习惯、人口流动性等。其中,人口规模直接影响着一个国家或地区市场的容量,消费习惯则决定消费品的种类及推广方式。

(4) T 即 Technology,技术要素。技术要素不仅包括那些引起革命性变化的发明,还包括与企业生产有关的新技术、新工艺、新材料的出现和发展趋势以及应用前景。例如,数字化阅读的发展,提升了国民综合阅读率和数字化阅读方式接触率,整体阅读人群持续增加,但也导致纸质阅读率增长放缓的新趋势,对传统的纸张、印刷企业造成很大冲击。

许多 MBA 学位论文中关于这四个方面的分析多是一般性的理论介绍,并没有具体针对所选企业所面临的环境进行分析,内容很空泛。在运用 PEST 分析法时,应该分析与所选企业相关的政治、经济、社会和技术因素,而不是对企业所处行业大环境的泛泛总结,要做到有的放矢。

对外部环境进行分析之后,要简要总结外部环境对企业的影响:哪些是有利的,哪些是不利的。这样可以为后续研究提供环境信息。

(二) 行业环境分析

根据美国哈佛商学院教授迈克尔·波特的理论,对于行业环境的分析主要包括行业概况、行业竞争结构等内容。分析的目的是明确整个行业的历史、现状和未来的发展趋势,以及企业在所处行业中的位置。

1. 行业概况

行业概况包括行业的定义、行业的发展历史、现状(总规模、企业数、总体盈利状况等)、未来的发展趋势等,应该用相应的数据说明。例如,我国民生银行同梯队分行托管业务发展情况如表 5-1 所示。

表 5-1　同梯队分行托管业务发展情况对比(2020 年末)

(单位:亿元)

机构名称	存量规模	新增规模指标			综合创利指标			托管收入指标		
		完成值	完成率	排名	完成值	完成率	排名	完成值	完成率	排名
A 分行	××	−185	−309%	14	××	35%	8	××	85%	3
B 分行	××	22	22%	4	××	52%	5	××	102%	2
长春	××	−39	−78%	12	××	21%	10	××	30%	8

当然,除了表格,我们也可以用图形更直观地反映行业数据,二者择一即

可,不必重复。

2. 行业竞争结构分析

一个行业的竞争状态取决于供应者、购买者、潜在进入者、替代品生产者及行业内现有竞争者等五个方面的综合作用力,这些作用力汇聚起来决定了该行业的最终利润潜力,并且最终利润潜力也会随着这种合力的变化而发生根本性的变化。论文写作中对于这五个方面的分析可以采用波特的行业竞争五力模型,具体模型如图5-1所示。

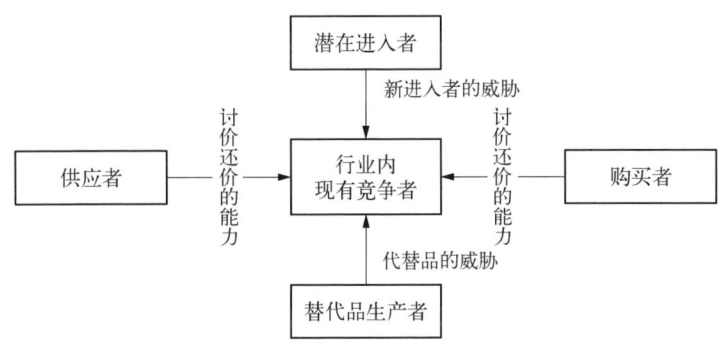

图 5-1 行业竞争五力模型

学员们要分别对五个方面进行分析,用具体数据、典型企业等资料说明观点。论文中最常出现的问题是这五个方面的分析依据不足,例如,《××物业服务公司发展战略研究》中对供应商能力的分析:

> 物业管理行业的特点决定了它是一个劳动密集型的行业。在这个行业中,人力资源成本是最重要的支出部分。随着行业的发展,专业分工变得更加细化,服务标准也变得更加精确。为了提供优质的客户服务,××物业公司经过综合考虑,将劳动密集型行业,如秩序维护、清扫环卫、园林绿化保养等,交由专业的配套服务机构来完成,以减少招聘成本,并且规避用工风险。随着人口老龄化的加剧,劳务公司的供给能力和用工成本都在不断下降,但是物业费却难以上调,而且物业公司的净利润总额也早已固定,毫无增长空间,所以××物业公司面临着越来越大的成本费用控制压力。

这段分析仅仅说明了××物业公司通过与多个劳务公司合作提供物业服务，成本负担较大，但没有具体分析这些劳务公司的议价能力强弱，缺乏事实依据，难以得出有说服力的分析结论。

下面是优秀范例参考，《××公司车载摄像头业务竞争战略研究》中对供应者议价能力的分析：

供应者的议价能力与其所处在的行业有着非常大的关系。车载摄像头成本主要由如下几个部件组成，其 sensor 感光芯片的价格占了大约 50% 的比例，其他电子物料 serdes、IPS、Power IC、阻、容、感等大约占 15%，镜头占比大约 20%，其他材料和制造成本等占 15%。

（1）sensor 感光芯片的议价能力

从分类角度分析，首先车载 sensor 感光芯片 CMOS 市场进入壁垒较高，目前市场竞争者较少，安森美处于垄断地位；国内主要企业是韦尔股份（豪威科技），思特威均有少量供货。车载 CMOS 随着 ADAS 与自动驾驶的进步将向高性能发展，车载摄像头的像素预计达到 800 万以上，且要求高光敏度，与清晰的夜视效果，技术要求的提升将带动车载 CMOS 价格上涨。另外晶圆和封测行业产能短缺推动晶圆与封测的"涨价潮"，车载 CMOS 硬件成本上升也将带来车载 CMOS 价格的增长，而且受限于产能的影响，还需要提前提供预测并给予定金保证，所以在感光主芯片来看，具有非常强的议价能力。

（2）镜头的议价能力

车载摄像头对信息捕捉准确性要求较严格，技术要求衡量标准在于安全性、恶劣环境下稳定性以及生命周期长短。车载摄像头模组封装对光轴准确性、气密性、兼容性、稳定性要求更高，光学镜头均占总成本 20% 左右，仅次于图像传感器。国内厂商中，舜宇光学占据龙头，二线厂商以日系为主。根据华经产业研究院数据，2021 年国内厂商中，舜宇光学车载镜头出货量以 6 798 万颗位居行业第一，出货量市场份额超过 40%。二线厂商以日系为主，麦克赛尔（日本）、电产三协（日本）、世高光（韩国）位列二至四位。在规格及壁垒较高的感知类镜头领域,舜宇光学市占率高达51%。车载镜头具备一定的技术壁垒,现在的镜头逐步向高像素、玻塑混合及非球面镜片并行推进。随着自动驾驶级别提升对车载镜头成像清晰度以及准确度要求更为严苛,车载镜头于像素、镜片材质及非球面镜方面的改良并行推进。再者车载镜头一线厂商主要生产基地位于中国内地、日本及东南亚地区,电产三协产能分布较为分散。舜宇光学产能规模及产能利用率优势稳固,2021年将扩产至8KK/月,产能规模领先其他主流厂商。F公司2018年收购富士胶片(天津)主要是为获得车载镜头相关专利及产能进入车载市场,产能规模约5KK/月,但产能利用率低于舜宇光学。由此可以看出镜头的主要供应商是国内,而且舜宇一家独大,所以具备一定的议价能力,虽然不如sensor强,但是高像素、高稳定性的镜头还是具备一定的议价能力。

……

综上来看,车载摄像头的价格成本主要占比是芯片类和镜头,都具有高技术壁垒、产能要求和规格限制,导致具有比较强的议价能力。所以对整体材料成本来说受到供应商比较大的限制,随国际形势变化、整体芯片产能等因素变化大。

(三)内部环境分析

内部环境分析也称"自身分析",其目的是"识别长短",即和对手相比,企业自身的实力与不足。要注意,这一部分与下节的"企业现状分析"不同。在这一部分中,同学们通常要运用分析工具,找出企业的优劣势,增强说服力。内部环境分析常用的工具有三种:"价值链"分析法、波士顿矩阵和SWOT分析法,需要注意分析工具的适用范围。由于每种工具使用的目的、范围是不同的,因此我们应该视具体情况而定,而不要盲目地使用,或者认为多用几种工具就能显得更有水平。这是论文写作中关于分析工具选取经常出现的问题。

上面三种工具都把企业作为一个整体和对手进行比较,得出对整个企业优劣势的判断,从而为企业的长期发展制定适宜的战略。因此,只有在写企业整体改进的战略类论文时才需要运用这些工具。不少 MBA 学员不论写哪类论文,都默认使用 SWOT 分析法,这样做是不合理的。下面具体介绍三种分析工具的使用方法。

1. "价值链"分析法

"价值链"分析法是由美国哈佛商学院教授迈克尔·波特提出的,是一种寻求确定企业竞争优势的工具。企业有许多资源、能力和竞争优势,如果把企业作为一个整体来考虑,又无法识别这些竞争优势,这就必须把企业活动进行分解,通过考虑这些单个的活动本身及其相互之间的关系来确定企业的竞争优势。来看下文的示例,这篇论文将内部环境分析拆分成了七个方面,逐一进行分析,从不同的角度比较企业与同行的差距。

第四章　××证券公司互联网金融业务竞争战略环境分析
　　4.1　外部环境分析
　　4.2　内部环境分析
　　　　4.2.1　核心竞争力分析
　　　　4.2.2　业务状态分析
　　　　4.2.3　产品服务分析
　　　　4.2.4　技术水平分析
　　　　4.2.5　人员状况分析
　　　　4.2.6　市场营销分析
　　　　4.2.7　企业文化分析
　　　　4.2.8　内部环境因素评价矩阵的建立

那么企业活动分解后如何进行整体分析呢?可以看到,例子中的"4.2.8　内部环境因素评价矩阵的建立",就是根据各个因素影响程度的大小确定权重数,再按企业对各关键因素的有效反应程度对各关键因素进行评分,最后算出企业的总加权分数。通过 IFE(内部因素评价矩阵),企业可以把自己所面临的优势与劣势汇总起来,借此来刻画出企业总的内部环境实力。

2. 波士顿矩阵

波士顿矩阵(BCG Matrix),又称市场增长率-相对市场份额矩阵、波士顿咨询集团法、四象限分析法、产品系列结构管理法等。它是由美国著名的管理学家、波士顿咨询公司创始人布鲁斯·亨德森于1970年提出的。该方法通过分析产品的销售增长率和相对市场占有率在公司内部定位各个产品,及时调整产品布局从而更好占领市场。横轴从左到右相对市场占有率由高到低,纵轴从上到下市场增长率由高到低,由此可以构建出四个象限,如图5-2所示。通过以上两个因素相互作用,会出现四种不同性质的产品类型,形成不同的产品发展前景:

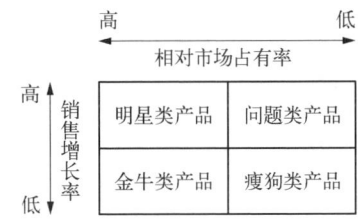

图5-2 波士顿矩阵

① 销售增长率和市场占有率"双高"的产品群(明星类产品);
② 销售增长率和市场占有率"双低"的产品群(瘦狗类产品);
③ 销售增长率高、市场占有率低的产品群(问题类产品);
④ 销售增长率低、市场占有率高的产品群(金牛类产品)。

这种方法可以清晰地指出各类产品在公司内的定位,有利于公司明确下一步的战略目标,对各类产品的产量作出调整。

3. SWOT分析法

SWOT分析法,即基于内外部竞争环境和竞争条件下的态势分析,就是将与研究对象密切相关的各种主要内部优势、劣势和外部的机会和威胁等,通过调查列举出来,并依照矩阵形式排列,然后用系统分析的思想,把各种因素相互匹配起来加以分析,从中得出一系列相应的结论,而结论通常带有一定的决策性。

S(strengths)是优势、W(weaknesses)是劣势、O(opportunities)是机会、T(threats)是威胁。

下表是在经过四个方面的具体分析后汇总的SWOT分析表,这里就要求学员们将调查得出的各种因素根据轻重缓急或影响程度等排序,构造SWOT矩阵。在完成环境分析和SWOT矩阵的构造后,便可以制定出企业相应的行动计划。

表 5-2 某公司的 SWOT 分析表

内部优势(S)	内部劣势(W)
• 现金流充足,筹资能力较强 • 信誉和品牌好 • 上级母公司支持 • 地理位置优越 • 有部分垄断性质的业务	• 子公司行业经验不足 • 缺乏专业人才 • 各部门及分公司间有效沟通较少 • 子公司发展空间受限 • 员工工作积极性不高
外部机会(O)	外部威胁(T)
• 部分业务受国家政策法规支持 • 税收优惠 • 公司位于 CBD 政府开发区域	• 电子阅读等替代品带来的威胁 • 酒店所在片区其他竞争者的威胁 • 购买者议价能力提高

二、企业现状介绍的写作要求与常见问题

描述企业现状的主要目的是：第一,使读者了解企业基本概况和内部运营的现状；第二,为研究问题的提出和研究课题的提炼提供客观的数据。

(一) 企业概况

企业概况,是指企业的创立、发展、转型、破产等过程,应以时间为轴,描述企业在创立和发展过程中有重大影响的历史事件,如企业的成立、战略转型、组织结构的重大调整、企业性质的转变等,还包括主营业务与产品介绍、组织结构与部门设置、战略目标等内容。例如,某篇 MBA 学位论文对××教育科技公司概况的介绍如下：

> ××教育科技有限公司,始创于 2011 年,致力于为 3—12 岁学员提供全外教少儿英语教育服务。目前拥有资深外教近 600 名,已进驻中国 14 个省区及 21 个城市,开办直营学习中心 94 家,为数万学员提供优质的国际化教育服务。企业性质为有限责任公司,目前总部位于成都环球中心北区写字楼,总部占地面积 2 000 平方米。企业成立于 2011 年,初期主要以外教兴趣类英语教育产品为主,2014 年以后逐步开设了外教艺术类教育产品、体育类教育产品。这类产品并非专业类教育,而是一

种结合语言教育的辅助性教育。2016年开设了出国留学服务以及出国语言考试培训产品及服务。

为了让学员不出国门即可享受国际化的语言教学资源,具备国际化视野,××教育科技有限公司一直与先进的教学理念保持同步。2017年初,××教育科技有限公司推出由国内外专家共同研发、筹备近一年的"I Wonderful国际菁英成长项目"。该项目顺应国际教育发展趋势,依托于全球先进的麦克米伦分级课程体系,课程设置更加多元化,除主修课程"语言艺术""PBL现象教学"外,还设有辅修课程"家庭教育""社会责任"。

以上示例是按照企业的时间发展路径,通过从公司的成立、主营产品及服务拓展等方面来描述企业概况,并介绍了产品、行业地位和经营特色。

值得注意的是,如果MBA学位论文的研究主题涉及企业组织结构、管理模式或战略规划等方面的内容,则需要详细描述和分析企业的组织结构。例如,如果研究企业如何通过优化组织结构提高效率和竞争力,则需要详细介绍和分析企业的现有组织结构,以及对其进行优化的设计和建议。

此外,如果论文研究的是企业的某个特定方面,如市场营销、供应链管理或人力资源管理等,也有可能需要提及企业的组织结构。这是由于企业的组织结构往往会影响到各个部门和职能的运作方式,从而影响整个企业的运行效果。因此,需要特别关注组织结构部分的写作要求。

组织结构是表明组织各部分排列顺序、空间位置、聚散状态、联系方式以及各要素之间相互关系的一种模式,是整个管理系统的框架。企业的组织结构包括直线型、职能型、直线参谋型、事业部型、矩阵型、委员会型等几种形式。

为了能清晰地描述企业的组织结构,应尽量使用图表,尤其是组织结构图。例如,××公司下设教学、研发、市场、财务、人力资源等部门:

从组织架构上来看,目前××公司所采用的是直线职能部门式的组织架构。这种架构下整个企业的管理较为方便,各职能部门分工十分明确,由总经理进行日常全面的工作管理。一旦业务确定后,如果是单一业务则由专门的职能部门负责跟进。同时,可以看到市场部门在这一结构下的重要性，整个机构60%的业务均来自市场。在人力资源构成方面，目前机构中最重要的教师岗位，均来自各师范院校和专业院校具备从业资格证的对口老师。其中，在整个100人的教师团队中高级教师占比达到30%，教授和副教授比例也达到3%，其他具有丰富行业从业经验教师占比超过70%。在教学层面，××公司具备完善的教师团队。

××公司的组织结构如图5-3所示。在给出组织结构图后，还应简要分析企业组织结构的特点、主要业务单位和部门职能，为后面分析问题做好铺垫。上文中最后特别强调了教师团队的组成结构，为下文人才问题的研究奠定基础。

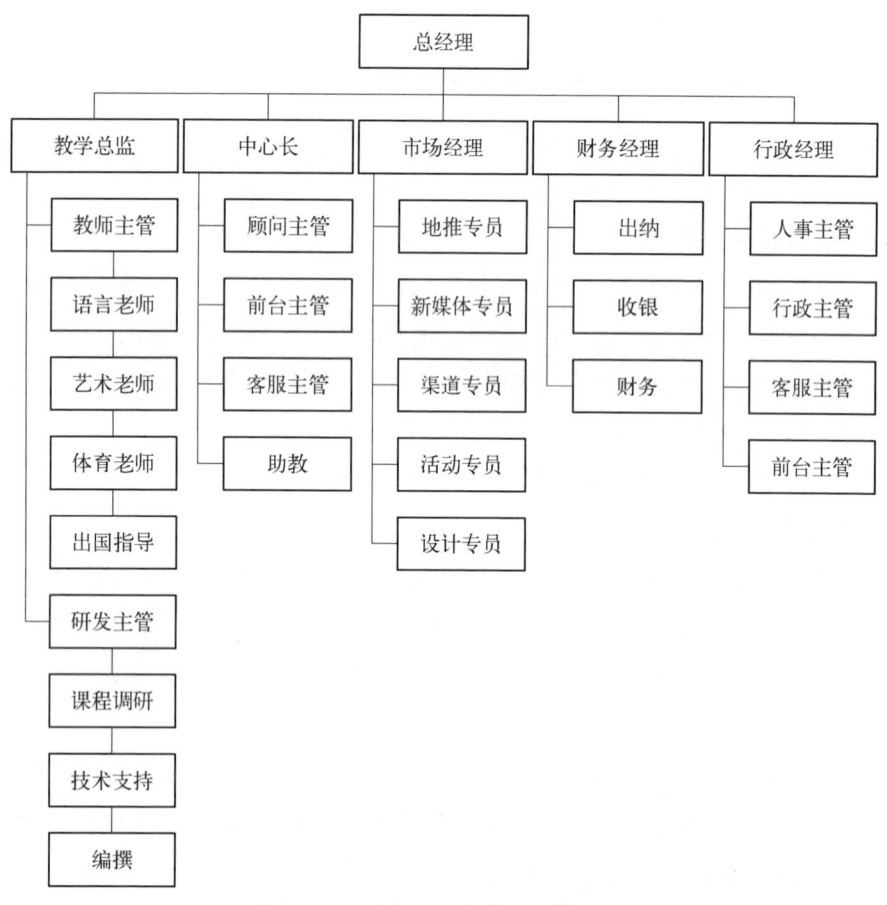

图5-3 ××公司的组织结构

此外,在绘制组织结构图时,应注意层次和美观。组织有不同的层级,结构图应体现部门之间是上下级、平行还是其他关系,不能一字排开。有的企业组织结构比较复杂,可以进行简化,不必一一列出。有的图形很大,可以使用页面横排,也可以用 A3 等大开本纸单独打印,装订时再折进去。

(二)研究问题现状

这部分应该详细介绍目前企业面临的具体问题的现实情况,包括问题的产生、已经造成的结果以及未来可能的发展趋势等。具体步骤包括:

一是针对这一问题,收集企业的相关数据和信息,可以通过阅读行业报告、新闻报道、企业年报等公开资料来获取信息,也可以考虑通过采访或调查等方式直接从企业内部获取第一手信息。

二是依据所收集到的数据及信息,从不同方面客观描述研究问题的现实情况及对企业的影响。切记不要加入自己的主观判断,确保自己的论述是基于数据和事实的,而不是依靠主观臆断。例如,如果我们要研究一个企业的产品质量问题,那么就需要说明这个问题是如何出现的(可能是生产流程中的某个环节出现了问题),已经造成了什么样的损失(例如客户投诉增多、销售量下滑等),以及如果不解决这个问题,可能会带来怎样的后果(例如品牌形象受损、失去市场份额等)。这些都需要通过数据和事实情况客观地在企业现状中描述。

三是根据论文的研究目标和方法,在这一部分中设置一些假设或者提出一些有待进一步研究的问题。这可以帮助学员在接下来的论文写作中更有针对性地展开讨论和分析。

综上,企业现状分析一般包括以上两个部分,但是具体到论文写作,并不能仅仅描述这两个部分。有些企业的技术研发能力特别强,可以增加研发机构、创新成果等方面的介绍。简言之,需要根据论文研究的问题,合理地选择相关的内容进行描述,确保全文条理清晰。

三、问题识别及成因分析的写作要求与常见问题

任何论文总是要解决一个问题。问题识别及成因分析的一般流程是:先概括介绍问题,然后聚焦到更为具体和准确的问题上,再深入剖析问题产生的原因。

（一）提炼核心问题

核心问题就是最关键、最重要的问题，也是学位论文写作中围绕的研究主题。因此，需要从错综复杂的企业问题中提炼出核心问题。提炼出来的问题往往是论文标题的主要内容，例如，××公司零部件采购成本管理研究、××公司核心员工流失问题、××置业公司薪酬管理问题等。

对于一个现象或问题，不要在论文中简单罗列。有一篇论文一次性列出了10个问题，让人不知道核心问题是什么，而是需要按照一定的方法对问题进行分类，表5-3给出了常见的问题分类方法。

表5-3 问题分类法

分类特征	问题分类	具体内容
按管理层次	战略层	发展方向、市场规模、竞争地位、产品线布局等
	经营层	营销、生产、物流、销售等各个方面的运营工作
	管理层	组织结构、风险管理、员工激励机制等
按部门职能	销售	产品销售、市场营销、客户服务等
	生产	生产线管理、质量控制、产能利用等
	采购	供应商选择、采购价格谈判、合同管理等
	财务	财务计划、会计核算、成本控制等
	信息技术	信息技术应用、系统维护、网络安全等
	人力资源	人员招聘、培训、薪酬福利、劳动关系等
按领导级别	公司级	经营方向、商业模式、管理体系等
	部门级	采购部的供应商管理、市场部的品牌建设等
	项目级	新产品开发、市场推广等

在问题分类过程中，应避免简单地将问题划分为内外部问题，因为企业面临的问题大多是由企业所面临的外部环境和内部环境共同造成的，只是不

同问题的内外因素的影响程度不同。需注意,提炼的核心问题必须有且仅有一个,且全文的分析都应围绕这一核心问题展开。企业的问题有很多,但一旦选定核心问题之后,就不要考虑企业存在的其他问题,若核心问题涉及则可以适当分析,但重点还是放在剖析核心问题上,切记不要偏离核心。

(二)提炼若干具体问题

要区分哪些是现象、哪些是问题,并对问题分类重新排列。下面是一个例子,某论文列出了薪酬管理方面的5个问题,如下所示:

××置业公司在薪酬管理方面存在以下主要问题。

(1)公司薪酬体系缺少行业竞争力。以当前公司的薪酬水平,不可能留住企业的核心人才,更不能吸引优秀人才的加入,也不能体现对现有员工的激励作用,缺少行业竞争力。

(2)作为公司管理基础的员工绩效考评制度不合理。公司绩效考评制度不合理主要体现在三个方面:一是技术岗位绩效考核制度需要改进;二是销售岗位考核制度单一,激励效果差;三是缺少全员综合考评制度。

(3)薪酬分配存在平均主义。公司不同岗位之间工资差距并不明显,而且相同部门的员工,由于采取确定工资级别的方式,确定其基本工资和岗位工资,其待遇是没有差别的。因此有些岗位员工存在消极怠工的现象。

(4)激励方式单一。在公司内部,主要实行的是短期激励行为,就是营销岗位每个员工每月的绩效工资或者是业务提成,而没有长期的激励制度,如股票、期权等。如果缺少行之有效的长期激励机制,就会造成人才的流失。

(5)缺少薪酬沟通与反馈。主要体现在三个方面:一是新员工入职时薪酬沟通较少;二是员工岗位变更、职务晋升时薪酬沟通缺乏;三是内部薪酬沟通渠道不完善。

上述罗列的问题,有的是现象,有的是问题。其中(3)(4)就是薪酬管理过程中存在的两个现象,并不是问题的概括,它们同属于薪酬体系缺少行业竞争力的表现,可以与(1)归纳为一个问题。

此外,还要注意问题之间的关系:提炼的若干问题,应该是有一定联系但又相互独立的,不能交叉重复。某篇论文分析"客户关系管理的优化问题"时,列出了以下四个问题:

> 对客户缺乏分级管理;企业沟通有待加强;不重视客户保留率;缺乏客户反馈机制。

这四个问题,"对客户缺乏分级管理"和"缺乏客户反馈机制"是一个问题;"对客户缺乏分级管理"是从客户关系的整体维护角度分析的,客户的反馈机制应是其中的某一级管理,因此,"缺乏客户反馈机制"不需要单独进行分析。

(三)分析问题产生的原因

提炼核心问题和若干具体问题之后,还需要找出产生问题的原因,可以采用因果分析法,即对产生问题的原因进行逐个分析,并递进展开,直到找出真正的原因。使用该方法时,首先要分清因果地位,其次要注意因果对应。按事物之间的因果关系,对其进行解释说明,通过数据统计分析、实地走访、收集有关问题的更多数据或通过与企业沟通来确认最本质的原因。下面是供大家参考的优秀示例,对某企业的客户化管理体系类问题追根溯源:

> 根据访谈的情况来看,问题主要集中在产品规划、产品创新、技术沉淀、知识共享等方面,其中产品规划问题是大家最关注的问题。
>
> (1)从整体来看,处于研发一言堂模式,产品规划前瞻性不足。产品研发管理过程中,市场、产品和研发三大部门协作性较差,市场部往往无法提供最新的市场竞争分析,产品部在项目分析和售前支持中耗费了大量的精力,研发人员往往缺乏客户视角,仅仅从功能及性能的角度来进行产品开发。由于研发计划无法和市场战略层面、产品设计应用层面相结合,往往呈现目标短期性、局限性的特点,缺乏前瞻性。研发部门的产

品创新几乎是围绕着项目来开展的,创新来源通常由研发内部提出,只是专注于单个项目的立项和开发,缺乏统一化的研发管理、架构、理念和应用场景分析,经验和知识共享体系也较难形成。

(2)从结果来看,产品创新力度不足。往往迫于业绩和用户端压力,并没有很好地将客户化的成果和应用进行转化和沉淀。公司延续传统产品的研发模式,产品版本的完善和迭代更新主要在项目现场完成。进行产品版本迭代时速度慢、缺少技术革新,也就无法推出具有竞争力的新产品,只是在相对的市场领域里保持稳定。从目前市场结果来看,竞争对手的产品,其功能特色的同质化程度越来越高,因此如要提高产品的创新力度,必须深入客户一线。

(3)从技术沉淀来看,公司整体技术水平有待提升。目前公司已经进入资本市场,每个季度对业绩的要求都非常高。因此,每个季度最后一个月,一般都为业绩冲刺月份,所有的研发人员几乎都会停下标准产品的开发,帮助一起参与客户化的工作。目前来看,除了创新性的新产品,各条产品线均缺乏专职专岗的研发人员。这就意味着,标准产品的迭代周期和频率不会太长,产品采用的技术难度也不会太大,否则的话,新加入的客户化定制研发人员的学习曲线太长,学习成本太高,反而造成履约成本过高。

(4)从研发过程来看,缺乏必要的监控。早期的公司产品在产品研发过程中,没有专职产品人员和测试人员时,缺乏产品研发的过程管理。没有明确的责任制和监督机制,导致产品质量管理尤其薄弱,很多产品质量验证需要在项目现场完成。研发过程中没有专职产品人员,在过程中对于前期市场调研情况和产品设计方案进行阶段性评审验证,必要时需要到客户现场进行客户交流和验证,这样可以及时纠正产品方向偏离或者应对市场产品方向变化趋势和产品应用相关技术的发展。

(5)从知识积累来看,缺乏共享机制。从客户化定制过程来说,存在大量重复被定制的需求,有些重复出现的需求,甚至已经由好几名工程师都处理过。但是因为工程师们对于此类共享问题的交流相对较少,导致每次遇到都会从头思考构架和实现,消耗很多的精力,造成了资源的浪费。部门内部虽然一直都提倡和鼓励知识共享，但是配套的激励措施吸引力不大，目前来看，虽然有不少员工愿意积极整理、共享资料，但多为自发行为。各产品组均存在类似现象，产品组之间由于业务隔离，技术交流活动更为少见，缺乏技术类的交流和学习平台。

上文对管理体系类问题的原因分析非常到位，首先，先从访谈里出现的众多问题中确定最关键的问题——产品规划。其次，从整体模式、项目结果、技术沉淀、研发过程和知识积累五个方面逐次分析产品规划存在问题的原因。整体上，条理清晰、逻辑分明，便于后续提出解决方案。

四、解决和改进方案的写作要求与常见问题

解决和改进方案是针对前面诊断的主要问题采取的一系列策略、方法、计划和行动。解决和改进方案要由明确的要点构成，这样才能对企业的具体问题提出切实合理的解决办法。在撰写这些要点的具体内容时，需要满足以下写作要求：

（一）主体改进和配套改进

由于企业各部门系统的关联性，解决方案一般包括主体改进和配套改进两个方面。主体改进，是指对企业业务或组织核心方面的重大调整或改善。这可能包括产品、服务、流程、技术等方面的根本性变革。例如，某论文关注市场份额下降的问题，主体改进可能包括对产品或服务的根本性改进，以满足市场需求，提高竞争力。配套改进，是指在支持主体改进的同时进行的辅助性改进。这可能涉及内部流程、人力资源、技术基础设施等方面的调整，以确保主体改进的成功实施。例如，在市场份额下降的情况下，配套改进可能包括提升员工培训水平、改善客户服务流程，以支持新产品或服务的推出。

主体改进注重核心业务方面的创新和优化，旨在提高整体业务绩效和竞争力。而配套改进的目标则是创建一个支持和促进主体改进的环境，以确保业务的各个方面都能够适应和有效地应对变化。

例如，"改进薪酬管理"的方案，一般包含以下要点（见下例），其中前两点(5.1—5.2)是直接针对薪酬管理的主体改进，后三点(5.3—5.5)是配套改进。

  第五章 薪酬管理改进方案设计
    5.1 建立科学的薪酬体系，提高公司薪酬行业竞争力
    5.2 实现薪酬全方位考核评价
    5.3 基于岗位责任强化薪酬统计分析
    5.4 建立多元化激励方式
    5.5 完善公司薪酬沟通与反馈

  企业管理中，配套改进通常涵盖流程再造、组织结构调整、信息系统的建立或优化，以及绩效考评体系的改进等多个方面。无论是在哪个领域进行改革，都有可能需要在这几个方面采取相应的配套改进措施。

  （二）要点需要内容支撑

  一个解决方案需要三个以上的要点支撑；一个要点也需要有三个以上的计划/措施支撑。例如，某论文中的要点是"完善服务体系"，其具体内容为：① 优化服务工作体系及职责分工；② 优化服务流程；③ 借助智能系统做好客户关系管理；④ 建立学员投诉处理中心。其"优化服务流程"是这样写的，如下所示：

  当前培训学校在服务流程方面不够清晰，经过培训机构管理层研讨后，可以按照开课前、开课中、结课后三个阶段按照服务内容提供的顺序进行全面梳理。

  开课前阶段：① 保持与学员的持续沟通，充分了解学员个人情况，建立班级群；② 告知学员具体的课程内容安排、课表及师资情况，传递服务理念、服务内容及特色服务介绍；③ 介绍培训学校的服务流程及服务体系；④ 做好入学测试，记录学员入学前的基本情况；⑤ 联系授课教师，制定初步学习计划并与学员沟通。

  开课中阶段：① 与任课教师保持沟通，及时反馈学员需求；② 协助做好阶段测试，记录学员学习结果，并做好各阶段学习成绩变化比对，反

馈授课教师；③ 按照既定的学习计划跟进学员的复习情况，并做好督促提醒；④ 做好各类消息通知提醒，比如提醒上课时间、课后作业、模拟测试、公告及考试报名、考场收集等；⑤ 协助做好学员复习心理疏导，如有特殊情况，及时汇报解决；⑥ 根据学员需求情况，提供各类学习用具；⑦ 做好学员各类调课、补课事宜；⑧ 协助做好学科答疑及政策答疑；⑨ 帮助学员做好各类岗位报考指导；⑩ 各类课程产品所含的特色服务，如申论批改、模拟打卡督学服务等。

结课后阶段：① 做好学员关系维护，节假日关心问候；② 老学员活动邀请参加，发送老学员福利及老学员转介绍等学校优惠政策；③ 建立老学员社群，帮助老学员之间建立交流和互助；④ 体制内各种学习资料提供，帮助老学员学习提升。全面做好服务内容提供的时间梳理，并将各类课程产品的特色服务内容做好细致执行，均有助于提升学员满意度。

这样的解决方案逻辑清晰，有实质性的改进内容，可操作性强。反观下面这个例子中提出的"降低人力资源成本"的相关方案设计，具体的做法仅在第二段进行了说明，首尾两段描述笼统，有生硬凑字之嫌。

公司需注重人效，可以从财务角度分析，通过节支创收降低人力资源显性成本。传统观念认为，创造价值、产生利润的只有业务部门，将人力资源部归为成本中心。现代企业开拓了人力资源部能够成为利润中心、人力资源工作者也能是经营创利者的新理念。

降成本除了减少支出，还可以增加人力资源相关的收入。近年国家及政府推出一系列减税降费、补贴返还等红利政策，人力资源部可密切关注国家政策、政府红利，极尽所能信息前置，通过政府返还为公司节约成本、人才补贴为员工谋得福利，将岗位价值最大化。

公司内部所设岗位并非一成不变，员工应恪守本职工作，秉承自我革命、守正创新，持续积累知识储备、提升业务能力，行稳致远。公司应将有限的薪酬资源，动态、差异化地分配给被激励对象，推动提升人力资源效率，降低人力资源显性成本。

（三）方案紧密结合实际

紧密结合实际就是在解决方案设计中，明确阐述企业未来应该怎么做。下面这个例子中的解决方案虽然讲了企业应该着重做的几个方面，但过于空洞，没有明确可行的计划和行动，表述十分含糊。

二、搭建员工成长平台，激发人才潜能

现代企业中九零后员工占比越来越高，常规管控模式无法激活员工的主观能动性。业绩成果并非企业管理者奋斗而来，是需要激活团队千军万马的力量才能实现大增长大突破。公司可以搭建成长平台，让员工在平台上不仅为公司更是为自己成长，使得战略落地、经营增长不再单是企业的事情。激发主观能动，增强内生动力，从而激活组织效能、创造价值共赢。

首先，让年轻干部"跑"起来。立足优中选优的人才选育思路。注重强化干部储备，致力于培养人才成为公司队伍中坚力量。公司目前35岁以下干部占比超过52%，要打破管理壁垒和论资排辈的隐形台阶，最大限度地激活老带新、新帮老的内生动力，使公司团队整体富有朝气，更加年轻化，让"比学赶帮超"的氛围成为公司工作新风尚。督促员工终身学习、技能培训双提升。

其次，将人才潜能"挖"出来。聚焦动态管理思维，深挖员工专业性，将制式培训转变为需求为先的培训，有效产出技能强、高效率的人才队伍。分析人力资源能力、激发挖掘内在潜力，通过人岗匹配，推动人力资源价值最大化。

跨入了市场新经济高质量发展的效率时代，人均效能是关键。其为企业贡献的价值，是人力资源投入产出最重要的衡量指标。人力资源管理过程中，选择提升效率的有效途径，推动以终为始的选育用留，增加员工留存率；通过搭建成长平台，挖掘人力资源潜能，激发员工主观能动性，提升人才工作效率，从而降低企业人力资源隐性成本。

另外，在撰写解决方案时需要特别注意两点：一是不要重复详细描述问题。方案是要解决问题的,论文前面的章节已经进行问题分析了,到这一章可以简要提及,不要长篇大论,或是又延伸出新的问题。二是解决方案与问题不是简单的一一对应。有效的企业管理需要具备系统性,不能仅仅局限在某一方面的问题而不考虑整体。一个问题的解决可能会涉及多个部门的共同协作,这要求综合考虑企业组织的各个方面,确保从根本上优化企业管理。

第三节 实证研究类论文

实证研究类论文通过收集和分析数据,验证理论假设或解决实际问题,是专题研究类论文中的一种重要而特殊的类型。其特殊性在于数据的真实和方法的科学,这使得这一类论文在学术研究和实践应用中都具有重要价值。

实证研究类论文通常采用科学的研究方法和统计分析技术,以客观、定量的数据为基础,通过对数据的分析和解释,得出对管理实践或理论的启示和结论。其写作的基本步骤包括研究假设、研究设计、数据收集与实证分析四个部分。

一、研究假设和研究设计的写作要求与常见问题

(一) 研究假设

研究假设,是一种对关系或现象进行预测或猜测的陈述,即对作者认为可能存在的关系或影响的声明,可以用来指导研究的设计、数据收集和分析。撰写研究假设是专题研究型论文的一个重要步骤,它有助于明确研究的目标,并提供一个可以验证或否定的框架。以下是撰写研究假设的写作要求:

(1) 明确研究问题:在撰写研究假设之前,确保已经明确自己的研究问题。研究假设应该直接回答或解决研究问题。

(2) 文献综述:在撰写研究假设之前,进行详尽的文献综述,了解先前的研究结果,理解领域中已有的知识和理论。

(3) 确定变量:确定研究问题中的主要自变量和因变量。自变量是可能

会影响因变量的变量,也是论文的核心解释变量。

(4) 建立关系:根据文献综述和理论框架,建立自变量和因变量之间的假设关系。这可以是正向关系、负向关系或没有关系。

(5) 确保可论证性:确保每个假设是可论证的,即能够通过数据收集和分析来验证或否定。假设不应该过于宽泛或抽象。

基于上述的写作要求,来看下面这个例子:

> 研究问题——董事长与CEO任期交错对公司违规行为的影响
> 假设1:董事长与CEO任期交错能抑制公司违规行为。
> 假设2:董事长与CEO任期交错通过降低代理成本进而抑制公司违规行为。
> 假设3:董事长与CEO任期交错通过提高信息透明度进而抑制公司违规行为。

针对研究问题,这篇文章提出的假设十分合理且数量适宜(3~5个),先整体上预测董事长与CEO任期交错和公司违规行为之间的关系,再考虑其中可能存在的中介作用,层层递进,逻辑清晰。以下是假设3的提出过程:

> 信息披露是公司与外部投资者和社会公众的连接纽带,起到传递自身经营状况的重要作用,较高的信息透明度能降低公司内外的信息不对称,投资者能更充分地了解公司内部的经营状况,更客观地评价管理者的真实能力水平和努力程度,使得公司违规被发现的概率 p 上升,违规成本 C 增加,从而降低违规倾向。董事长与CEO任期交错可以通过提高信息透明度从而抑制公司违规行为。首先,中国是一个"关系型"社会,许多企业都在积极寻求关系型契约以保证交易的正常进行,而高管的管理风格对于企业关系型契约有重要影响。社会群体分为内群和外群,"内群偏好"使得群体成员间认同感、信任感更强,更多地采取合作的态度。董事长与CEO同时入职带来的价值观相似和情感认同就很可能产

生这种内群偏好。这种关系契约和内群偏好对信息披露带来的影响在于，企业正式的信息披露需要披露成本，错综复杂的关系契约可以代替信息披露对社会资源引导和分配的作用，利益相关者可以绕开正式信息披露渠道，并通过私人关系和其他非正式渠道获取公司内部信息。董事长与CEO任期交错可以降低利益相关者通过私人渠道获得信息的可能性，为了交易的正常进行，企业必须通过更多的正式渠道披露，信息透明度得到提升。其次，董事长与CEO任期交错可以避免形成管理友好型董事会，董事长给予CEO的评价更加客观，对于CEO经营决策和信息披露行为的监督指导会更加独立，从而提升公司信息透明度。最后，如前文所述，高管上任初期拥有做高业绩的压力和建立声誉的强烈欲望，而在任职后期拥有攫取短期利益的动机，导致在上任伊始和离职前高管会隐藏更多坏消息，降低信息透明度以获取私利。董事长与CEO任期交错可以使二者的利益需求形成时间错位，从而提升信息透明度，达到抑制公司违规行为的目的。基于上述分析，论文提出假设3：

H3：董事长与CEO任期交错通过提高信息透明度进而抑制公司违规行为。

首先，先阐述了信息透明度在公司内部的作用与地位，再结合相关文献解释其为什么能成为领导人约束公司违约行为的媒介工具，有理有据，主观评判与客观依据相结合，增强了假设的说服力，值得大家学习与参考。

反观下面这个例子：

研究问题——个别协议对研发人员创新绩效的影响

假设1a：任务与工作责任性个别协议正向影响员工创新绩效。

假设1b：灵活性个别协议正向影响员工创新绩效。

假设2a：任务与工作责任性个别协议正向影响员工活力。

假设2b：灵活性个别协议正向影响员工活力。

假设3：活力正向影响员工创新绩效。

假设 4a：活力在任务与工作责任性个别协议与员工创新绩效之间起中介作用。

假设 4b：活力在灵活性个别协议与员工创新绩效之间起中介作用。

假设 5a：个体咨询网络中心性正向调节任务与工作责任性个别协议与活力之间的关系。

假设 5b：个体咨询网络中心性正向调节灵活性个别协议与活力之间的关系。

假设 6a：个体咨询网络中心性正向调节活力在任务与工作责任性个别协议与员工创新绩效之间的中介作用。

假设 6b：个体咨询网络中心性正向调节活力在灵活性个别协议与员工创新绩效之间的中介作用。

这篇论文的研究假设存在的问题很典型——假设过多。研究假设过多会导致论文的研究没有重点，论文需要多次统计论证假设，会增加变量相互关联的概率，影响实证结果。如果每个研究假设都有不同的结果，可能会使得最终的结论模糊不清，难以得出明确的研究结论。一般来说，如果研究问题相对简单，或论文主要关注的只有一个或两个核心变量，那么 3~5 个假设就已足够。特殊情况下，比如深入剖析一个特定方面，涉及多个影响因素时，可能需要更多的研究假设。再回到这个例子，我们可以看到假设 3 以及假设 5a 和 5b 都不是研究问题的重点，都只是为了凸显活力的中介作用和个体咨询网络中心性的调节作用，那么这三个假设就没有必要单独提出。

除此之外，在撰写研究假设时还应注意以下问题：

（1）过于宽泛或具体：研究假设不能太过宽泛而无法论证，也不能过于具体，导致局限性太大。

（2）假设冲突：确保各个假设之间没有冲突，即它们可以同时成立而不会互相排斥。

（3）缺乏理论支持：每个假设都应该有理论基础支持，确保论文有一定的理论框架。例如，某篇研究主观规范对定制旅游者消费意愿的影响的 MBA 学位论文，其中一个假设的内容如下：

Perugini 和 Bagozzi 指出,主观规范会直接影响行为欲望,对其施加正向影响,然后以欲望为中介变量间接作用于行为意向(Marco Perugini & Richard P. Bagozzi,2001)。

本研究基于以上分析,认为旅游者的主观规范对其行为欲望产生一定的影响,于是提出如下假设:

H2:订制旅游者的主观规范对其行为欲望产生显著的正向影响。

以上假设的文献支撑较少,且缺少自己的分析与观点,假设的提出显得十分单薄,缺乏说服力。

(二)研究设计

研究设计,是指在进行论文研究时所采用的计划和结构,包括了研究的整体思路,比如样本选择及数据收集、变量选取和模型设定、实证分析等方面的安排。一个良好的研究设计能够确保研究的科学性、有效性和可信度。

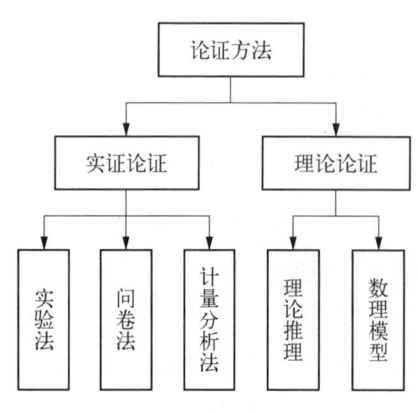

图 5-4 研究假设论证方法

前文所提到的研究假设,需要进行论证,论证方法可分成实证论证和理论论证两类。虽然学位论文优先选择实证论证,但理论论证也是允许的。这些论证方法可概括为图 5-4。论证章节的结构,随论证方法的不同而不同。

实证研究类论文一般采用实证论证的方法,因此,下文重点介绍实证论证类论文的研究设计。

1. 样本选择及数据收集

样本选择涉及确定论文将研究的个体或单位,这些个体或单位构成了研究的样本。样本应该具有代表性,能够反映论文所关心的研究问题的特征。数据收集是指采集有关样本的数据信息。常见的数据收集方法包括调查问卷、深度访谈、实地观察及调查等。在这一部分,需要详细描述样本选择的过程和数据收集的方法,确保它们能够有效地体现研究问题。

2. 变量选取和模型设定

在这一部分,需要明确定义论文研究的主要变量,包括自变量和因变量,解释每个变量的定义和测量方法。自变量是作者认为的可能对因变量产生影响的变量。模型设定涉及建立这些变量之间的关系模型,可以是理论模型或经验模型,例如线性回归模型、Logistic 回归模型、时间序列模型等。应解释为什么选择这个模型,并说明其适用性。这一步骤需要考虑先前的理论或已有研究,确保模型具有理论基础,并能够解释论文所研究的变量关系。

3. 实证分析

实证分析是指对采集的数据进行统计分析或其他定量方法的应用,以验证或否定研究假设或回答研究问题。这些方法包括实验法、调查问卷法、计量分析法等,可单独或混合使用。在这一部分,需要清晰地说明论文选择的分析方法,如何处理数据,以及最终如何解释和呈现分析结果。实证分析一般与研究设计在一个章节,若研究问题较为复杂,也可单独成为一个章节。

以下是研究设计的章节结构示例:

例1:问卷法+实验法

第四章 研究一 风险偏好影响保险购买的问卷研究

  4.1 研究目的

  4.2 数据来源

  4.3 变量选取

  4.4 统计分析

第五章 研究二 风险偏好影响保险决策的线上行为实验

  5.1 实验目的

  5.2 被试要求

  5.3 实验设计

  5.4 统计分析

第六章 研究三 保险保障影响风险偏好的实验室行为实验

  6.1 实验目的

6.2 被试要求

6.3 实验设计

6.4 统计分析

例2：问卷法

第三章 研究设计

 3.1 模型构建与研究假设

 3.2 变量界定

 3.3 问卷设计

 3.4 问卷发放

第四章 预调研数据收集与分析

 4.1 预调研数据收集概况

 4.2 预调研数据分析

第五章 正式调研数据收集与分析

 5.1 样本描述性统计分析

 5.2 指标验证性分析

 5.3 结构方程模型构建与分析

 5.4 研究假设分析

例3：计量分析法

第四章 研究设计与变量测量

 4.1 研究样本和数据来源

 4.2 变量的定义及测度

 4.3 模型建立

第五章 实证检验

 5.1 描述性统计

 5.2 相关性分析

 5.3 多元回归分析

 5.4 稳健性检验

二、数据收集与实证分析的写作要求与常见问题

(一) 数据收集

MBA学位论文中的数据收集是研究过程中关键的一步,采用合理的数据收集方法和技术能够为论文研究提供可靠的支持。以下是MBA学位论文常用的一些数据收集方法:

(1) 访谈:通过与受访者面对面或通过电话进行访谈,收集深入的定性信息。

(2) 小组讨论:邀请一组受访者就特定话题开展集体讨论,以获取群体观点和见解。

(3) 案例研究:对特定实例或组织进行深入的研究,收集详细的定性和定量数据。

(4) 调查问卷:通过编制结构化的调查问卷,收集大量的定量数据,适用于大规模研究。

(5) 实地观察:观察和记录实际事件和情境,收集直接观察到的定性和定量信息。

(6) 实验研究:在受控制的环境中对变量进行实验,以测定它们之间的因果关系。

(7) 次生数据分析:利用已有的次生数据,例如公司报告、市场数据、数据库等,进行统计分析。

选择何种数据收集方法应该根据研究问题、可用资源、样本的性质以及研究的性质而定。通常,研究中会综合使用多种数据收集方法,以获取全面的信息。在数据收集完成后,还需要对原始数据进行清洗、转换和处理。这一阶段的目标是确保数据的质量,减少干扰和误差,使数据适用于进一步的实证分析。以下是一些常见的数据预处理方式:

(1) 缺失值处理:识别并处理数据中的缺失值,可以选择删除包含缺失值的记录、使用均值或中位数填充,或者利用模型估计缺失值。

(2) 异常值处理:探测和处理数据中的异常值。异常值可能影响分析的结果,可以考虑剔除异常值或采用转换方法,如缩尾处理(将超出一定范围的

值截断为边界值)。

(3) 重复值处理：检测并移除数据中的重复记录，确保每条数据都是唯一的。重复值可能导致对结果的偏见。

(4) 标准化和归一化：将数据的不同变量进行标准化或归一化，以确保它们在相同的尺度上。这对回归模型尤其重要。

(5) 数据转换：对数据进行变换，例如对数变换、平方根变换或Box-Cox变换，以满足分析的假设或改善数据的分布特性。

(6) 分类数据处理：对分类数据进行编码，将其转换为数值形式，以便于模型的处理。常见的方法包括独热编码(One-Hot Encoding)和标签编码(Label Encoding)。

(7) 处理多重共线性：检测和处理数据中存在的多重共线性问题，可以使用方差膨胀因子(VIF)等指标进行诊断，并采取相应的纠正措施。

(8) 时间序列数据处理：如果涉及时间序列数据，可能需要进行季节性调整、平滑、差分或滤波等处理，以使数据更适合于时间序列分析。

(9) 数据抽样：在处理大型数据集时，可能需要进行抽样以降低计算成本或提高模型的训练效率。

(10) 处理类别不平衡：如果数据中存在类别不平衡问题(某一类别的样本数量远远超过或远远少于其他类别)，可以采用欠采样、过采样等方法来平衡类别分布。

在进行数据预处理时，需要谨慎选择适当的方法，具体的选择取决于数据的特点、研究问题以及最终的分析目标。同时，要充分记录和报告数据预处理的步骤，以确保研究的透明性和可重复性。

(二) 实证分析

在实证研究类论文中进行实证分析是关键的研究步骤，旨在通过对已收集的数据进行统计和定量分析来检验研究问题或假设。在进行实证分析时，一般采用的分析方法为实验法、调查问卷法和计量分析法等，其中计量分析法最为常见，因此下文重点介绍计量分析法的写作要求。

计量分析法是通过统计工具和技术对数据进行定量分析，以验证假设、回答研究问题或推断变量之间的关系，以下是撰写实证分析部分的写作步骤：

1. 描述性统计

描述性统计是对数据的基本特征进行概括和总结的方法。主要目的是提供有关数据集的简明、可理解的信息,帮助研究者了解数据的分布、中心趋势和离散程度。描述性统计包括以下常见指标:

(1) 均值:数据的平均值。

(2) 中位数:数据的中间值,将数据分为上半部分和下半部分。

(3) 标准差:数据的离散程度度量。

(4) 最小值和最大值:数据的最小和最大观察值。

(5) 样本数:研究中所使用的样本的数量。样本数是描述性统计的一个关键指标,它反映了研究中可用于分析的观测数量。

以下是描述性统计的参考示例:

表 5-4 变量描述性统计

变量	均值	中位数	标准差	最小值	最大值	样本数
RD	5.340 2	3.960 0	4.644 3	0.070 0	28.180 0	5 397
Subsidy	0.514 7	0.377 7	0.473 8	0.010 7	2.582 8	5 397
VC	0.261 1	0.000 0	0.357 5	0.000 0	1.000 0	5 397
Iapply	2.090 0	2.079 4	1.230 6	0.000 0	9.108 3	5 397
Uapply	2.132 9	2.197 2	1.405 9	0.000 0	9.171 9	5 397
Dapply	0.772 8	0.000 0	1.179 1	0.000 0	7.362 0	5 397

2. 回归结果分析

回归分析是一种用于研究变量之间关系的统计方法,常用于预测、因果推断等。在学位论文中,回归结果分析通常指的是对回归模型的结果进行判断和解释,以验证研究假设是否成立。主要包括以下步骤:

(1) 运行回归分析:使用前文设定的回归模型运行分析,通常借助 Stata、SPSS、R、Python、SAS 等统计软件,得到回归系数、显著性检验等相关统计指标。这些指标将有助于解释自变量对因变量的影响。

(2)显著性检验:检验回归系数的显著性。通过检验自变量的系数是否显著不为零,来验证与研究假设的一致性。

(3)回归系数解释:解释回归系数,说明自变量对因变量的影响程度和方向。确保解释是基于研究背景和理论基础的。

如果研究假设中涉及复杂的作用关系,比如调节作用和中介作用等,则可以在这部分内容中增加分析步骤,以验证论文所提出的假设。

以下是回归结果分析的参考示例:

该论文有五个研究假设。H1:在线评论反馈率与房源热度存在倒U型影响关系;H2:在线评论反馈的相对长度对房源热度有显著的正向影响;H3:在线评论反馈内容的相关性对房源热度有显著的正向影响;H4:在线评论反馈内容的相似度对房源热度有显著的负向影响;H5:在线评论反馈的情感倾向对房源热度有显著的正向影响。为对在线评论反馈影响房源热度这一现象进行假设验证,本研究引入了三种多变量回归模型。(1)模型1为单一的只考虑主效应的模型;(2)在主效应模型的基础上,模型2增加了房源属性相关的控制变量;(3)在模型2的基础上,模型3进一步增加与原始评论属性相关的控制变量。这种通过搭积木式地逐渐添加变量的模型分析思路,保证了模型的检验稳健性。检验结果见表3-3。

表3-3 回归结果

因变量	(1) 评论数	(2) 评论数	(3) 评论数
反馈率	20.960*** (4.98)	19.395*** (4.63)	22.142*** (5.21)
反馈率平方项	−25.225*** (−8.22)	−24.267*** (−7.94)	−26.218*** (−8.46)
文本相对长度	0.741*** (5.39)	0.724*** (5.27)	0.754*** (5.48)

续 表

因变量	(1) 评论数	(2) 评论数	(3) 评论数
反馈情感倾向	9.687*** (7.36)	9.404*** (7.18)	8.068*** (5.94)
内容相关性	11.534*** (6.63)	12.908*** (7.39)	12.543*** (7.12)
内容相似度	−9.446*** (−11.28)	−9.024*** (−10.82)	−8.729*** (−10.43)
控制变量系列1	否	是	是
控制变量系列2	否	否	是
常数项	2.590*** (5.41)	9.240*** (7.78)	5.719*** (3.75)
Obs	8 296	8 296	8 296
R-squared	0.050	0.063	0.065

注：*** $p<0.01$，** $p<0.05$，* $p<0.1$，括号内是 t 统计量。

表3-3的数据表明，反馈率对房源热度的回归系数是22.142，并在1%的水平上显著，其平方项的回归系数−26.218，并在1%的水平上显著。数据分析结果符合倒U型曲线关系成立的条件，验证了在线评论反馈率与房源热度的倒U型关系，表明中等反馈率下房源热度更高，支持了假设H1。其次，反馈文本相对长度对房源热度的回归系数为0.754，在1%的水平上显著，验证了假设H2；在反馈针对性方面，反馈内容相关性和内容相似度对房源热度的回归系数分别为12.543和−8.729，均在1%的水平上显著，支持了假设H3和H4；反馈情感倾向对房源热度的回归系数是8.068，在1%的水平上显著，支持了假设H5。

回归结果分析中的表述要用数据说话，切忌"大约""大多数""个别""明显下降"等模糊词语。当然，并不是所有研究假设都会通过检验，即研究结果

与最初的猜想或预期不符,这并不少见。一旦发生这种情况后,可以考虑采取以下措施:

(1) 深入分析数据:仔细检查收集到的数据,确保数据的准确性和完整性。如果存在数据问题、异常值或缺失值,这可能影响到结果。

(2) 检查研究设计:回顾研究设计,检查采用的实施方法和操作是否符合研究目的。很多时候,问题可能出在研究设计的操作上。

(3) 重新审视文献综述:重新阅读文献综述,确认研究问题和假设是否与现有研究一致。如果存在最新的研究成果或理论观点,则可以更好地理解研究问题。

(4) 寻找潜在原因:仔细考虑回归分析未通过研究假设的潜在原因,对其进行谨慎的解释,讨论结果的意义,并提出未来研究的建议。

(5) 进一步分析:如果可能,考虑开展进一步的分析,以验证或修正这一发现。可以是定性研究、深度访谈,或者对新变量的考察。

(6) 重新制定假设:重新审视研究假设,看是否需要进行修改或重新制定。

3. 稳健性检验

稳健性检验是为了验证模型在面对一些假设违反时是否仍然稳健有效。在回归分析中,常常需要检验一些假设。一些常见的稳健性检验方法包括:

(1) 端点问题检验(Endpoint Problem Test):用于检验在回归分析中替换解释变量或被解释变量时可能产生的问题的一种方法。具体来说,端点问题指的是当变量取极端值(例如,边界值)时,模型的解释和预测可能出现不稳定或不合理的情况。

(2) 遗漏变量检验(Missing Variable Test):用于检测在建立统计模型时是否存在未考虑的重要变量的一种方法。遗漏变量可能导致模型的偏误和不准确的估计。常用的检验方法为逐步引入或排除可能的遗漏变量,观察模型结果的变化,以检验模型对于未考虑因素的敏感性。

(3) 反向因果检验(Reverse Causality Test):用于检验因果关系方向性的一种方法。在统计建模中,通常假设自变量是作用于因变量的,但有时这个假设可能被质疑。反向因果检验旨在确定两个变量之间的因果方向。常用的检验方法为滞后一期(Lagged Variables)、工具变量法(Instrumental Variables,IV)等。

(4) 异方差检验(Heteroscedasticity Test):用于检验一个回归模型的残差是否具有异方差性的一种统计方法。异方差性指的是模型的残差具有不同方差的特性,即残差的方差不是恒定的。异方差性可能导致普通最小二乘法(OLS)估计量失效,因为 OLS 对异方差性很敏感,产生的标准误差和假设检验可能不准确。常用的检验方法为 White 检验、Breusch-Pagan 检验等。

(5) 样本选择偏误检验(Sample Selection Bias Test):指样本的选择方式可能导致估计的偏误,从而影响对总体的推断。样本选择偏误通常涉及非随机样本的选择,这可能导致模型对丁总体的估计不准确。常用的检验方法为 Heckman 两阶段模型、J-test(J 统计量)等。

由于稳健性检验的内容需要依情况而定,故此处不提供具体示例。但是,在进行稳健性检验时,需要遵循一些注意事项:

(1) 假设合理性:稳健性检验通常建立在一些模型假设的基础上,例如异方差性、多重共线性等。确保这些假设在研究场景中是合理的,否则可能导致检验结果的误导。

(2) 样本大小和分布:样本的大小和分布可能影响稳健性检验的效力。确保样本足够大以支持所采用检验方法,并检查是否满足检验的分布假设。

(3) 变量选择:对于遗漏变量、端点等问题,选择适当的变量进行稳健性检验至关重要。确保选取的变量与研究问题相关,并且在模型中有实际的解释意义。

(4) 解释检验结果:确保能够正确解释检验结果。理解检验结果的实际意义,以便在需要时能够进行模型修正或解释。

(5) 模型复杂性:引入过多的控制变量或进行过度的模型修正可能导致模型过于复杂。在选择稳健性检验时,要平衡模型的解释力和模型的简洁性。

(6) 检验局限性:了解稳健性检验的局限性,不同的检验方法可能对不同类型的偏误更敏感。因此要综合使用多个方法来增强结论的可信度。

第六章
结论与参考文献

结论是 MBA 学位论文的收尾部分,它基于对研究成果的深入分析,通过严密的逻辑推理和充分论证,形成最终的、全面的总结。换言之,结论不仅是整篇论文的研究结局,更是对全文内容进行综合考量的结果,体现了 MBA 学员对研究主题更深层次认识的成果。通过推理、判断、归纳等逻辑分析过程,结论得出新的学术总观点和综合见解,为论文提供有力的总结和完结。

第一节 结论的写作要求与常见问题

MBA 学位论文中的结论部分往往容易被忽视,主要原因在于学员认为未来可能不再从事学术研究或相关领域的研究,因此,对结论部分的书写可能比较匆忙。然而,论文的结论撰写实际上是培养学员概括能力和敏锐判断力的绝佳机会。结论部分的精心构思不仅能够展现学术的承接关系和作者的科学态度与品质,同时还能准确反映论文本身的意义和价值。此外,参考文献的恰当引用不仅为论文在学术上提供了支撑,更为读者提供了深入研究的引导方向,避免了重复劳动,具备重要的学术和情报价值。因此,结论部分的精心撰写对于 MBA 学员来说具有重要的训练意义。

一、结论的写作要求

结论是论文主要成果的总结,客观反映了论文或研究成果的价值。结论与论文中提出的问题相呼应,类似于摘要,为评阅人提供了评估依据。与简单重复研究结果不同,结论代表对研究成果更深层次的理解,是基于正文的全面内容和涉及引言部分的信息,通过判断、归纳、推理等过程获得的全新的总观点。MBA学位论文的结论通常由三部分构成:研究结论、研究启示或建议、研究不足等。

(1) 研究结论:在结论的第一部分,需要总结研究的主要发现和结果。强调论文的核心贡献,回答研究问题,总结关键的实证结果或理论发现:本文说明了什么问题,得出了什么规律性的东西,解决了什么实际问题。这一部分应该突出对研究问题的回答和研究目标的实现。

(2) 研究启示或建议:在结论的第二部分,可以提出进一步研究的方向或对业务实践的建议。这一部分可以包括未来研究的方向、可能的改进方法、扩大研究范围的建议等。为后来者提供未来研究的方向,以及在实践中如何利用研究成果的建议,使结论更具实际价值。

(3) 研究不足:在结论的第三部分,要诚实地讨论研究的局限性和不足之处。这可能包括数据限制、方法的局限性、样本选择问题等。对论文的局限性进行坦诚的讨论有助于提高研究的可信度,并为未来研究提供方向。

对于论文的结论,上述研究结论是不可或缺的,而研究不足和后续研究建议的详细阐述则应视具体论文内容而定,可适度增减。MBA学位论文的结论部分具备相对的独立性,应提供明确、具体的定性和定量信息。结论应具备较强的可读性,通常不使用量符号,而倾向于使用量名称,以确保信息传达的清晰度和易理解性。

某篇研究××医院会计信息系统优化的MBA学位论文,其结论三个部分的撰写均十分详细全面,逻辑清晰,有理有据,可供参考:

7.1 研究结论

本文采用纵向单案例研究方法,利用微刻时序访谈法对案例医院会计信息系统的发展过程进行回溯,通过完整时间线的事件梳理,较为清晰和全面的概括了案例医院会计信息系统的发展历程。同时,结合意义建构理论对案例医院建院以来不同阶段的会计信息系统优化过程进行分析,从理论层面探讨了不同阶段的会计信息系统如何实现优化,构建出了不同阶段会计信息系统优化过程中的意义建构过程,用意义建构的过程阐释了××医院会计信息系统优化过程背后的理论逻辑,并总结了不同阶段的意义建构模式。最后,基于调研访谈收集的数据资料,对目前案例医院会计信息系统存在的主要问题进行了梳理,提出了进一步优化会计信息系统的对策建议。本文主要研究结论有以下几点:

第一,××医院会计信息系统在传统会计的起步与完善阶段的意义建构模式符合最低程度的意义建构。意义建构始于组织发展过程中随机浮现的问题,主要意义赋予者为财务部门,管理层对于会计信息系统如何优化没有与之相关的目标指示,财务科在这一阶段虽然为主要意义赋予者,但其意义赋予程度并不高,表现为一次性、较为简单的意义赋予,整个意义构建过程缺乏积极主动性,呈现出低控制性、低活跃性的特点。

第二,××医院会计信息系统信息化转型阶段的意义建构模式表现为受限的意义建构。该阶段的意义构建过程,整体节奏掌握在管理层手中,而下级部门则多表现为顺应管理层的决策或想法,部门层面缺少积极的互动,意义建构过程表现为高控制性、低活跃性的特点。

第三,××医院会计信息系统信息化迭代阶段的意义建构模式为分散的意义建构。在信息化迭代的具体过程中××医院管理层没有很好地参与进来,信息科负责信息化迭代方向和效果,财务科积极主动反馈意见,与信息科之间形成联动,意义建构表现为低控制性、高活跃度的特点。

第四,××医院会计信息系统修缮阶段的意义建构模式为导向明确的意义建构。受益于医院整体的信息化战略目标,三方主动参与协作形成了协同的意义建构。管理层、财务科和信息科在这一阶段都发挥重要促进作用,不仅组织层面对目标方向有统一的认识,各层级、各部门对战略目标也都有着丰富的认知,意义建构过程表现为高控制性、高活跃度的特点。

第五,目前××医院的会计信息系统还存在许多问题,有待进一步优化解决。例如:对会计信息系统缺乏明确的战略目标、财务数据未实现共享,存在数据"孤岛"现象、缺乏专业人才等。

7.2 研究启示

本文研究启示主要体现在理论和实践两方面。在理论方面，本文从意义建构的理论视角出发，研究具有一定代表性的县级公立医院的会计信息系统发展优化过程，将不同时期、不同发展阶段的会计信息系统优化的过程与意义建构理论相结合，构建了不同阶段会计信息系统优化中的意义建构过程。意义建构过程的促发因素、意义赋予和意义构建的结果从理论层面较好地解释了案例医院会计信息系统的优化机制。本文成功将意义建构理论与会计信息系统优化过程相结合，丰富了相关理论研究，为该研究领域的学者提供了理论启示。

在实践方面，本研究提供了管理层和财务部门等不同视角，可以使管理者对意义赋予方向、控制程度、活跃程度以及其他部门的认知行为有正确的引导和把控，并对其他企事业单位引导员工增强认知提供了思路和借鉴意义。此外，本文对案例医院会计信息系统目前存在的问题进行归纳总结并提出相应的对策建议，对案例医院以及其他类似的县级公立医院具有一定的启示和借鉴意义。

7.3 研究不足与展望

本文在意义建构理论视角下分析了案例医院会计信息系统的优化过程。虽然在理论和实践方面都有一定的贡献，但仍存在不足，期待在未来的研究中继续补充和完善。

第一，由于诸多限制因素，不能够对案例医院每一位与会计信息系统有关的主体进行访谈，实践中达不到Dervin提出的微刻时序访谈法的全部要求，许多内容需要研究者主观地去提取关于个体建立认知的线索。在访谈对象的选择方面，基本局限在了财务科、信息科和部分管理层，并没有完全将医院内其他较高职级管理人员或其他各部门人员的行为在会计信息系统的优化过程中产生的影响纳入本文研究。为加强研究的全面性，未来可尝试考虑将更多主体纳入会计信息系统的优化研究。

第二，为了最大程度地弥补单案例研究的缺陷，笔者在走访调研多家县级公立医院的会计信息系统的基本情况后，经过反复比较，最终选取了会计信息系统发展历程较为完备，且调研渠道较为顺畅，获得访谈数据较为便捷的××医院。尽管本研究采用理论抽样的方式,并且研究数据充分,来源渠道丰富,但仍不具备一定的普适性。为进一步加强研究的普适性,未来可尝试采用多案例研究。

二、结论撰写需注意避免的问题

结论在一篇MBA学位论文中的地位是不可忽视的。写好结论,应该注意以下几个方面:

第一,与正文内容一致。结论应与正文的内容一致,不应引入新的信息或观点,如果有新的观点或提出新的议题,可能使论文的原有观点被淡化,也会使论文的结论阐述不清,显得单薄。要保持结论与正文的一致性,避免引起混淆。

第二,语言简练而有力。结论的语言应简明扼要、逻辑严谨,能够让读者轻松理解论文的研究成果和结论。避免过多使用复杂术语或技术性语言,采用通俗易懂的表述,有助于提高结论的可读性和接受度。

第三,避免过度概括或泛泛而谈。应尽量避免使用夸张词汇,避免过分强调研究成果的卓越性或高度。结论部分必须立足于论文的具体研究,呈现出体现论文特色和独创性的特点。因为结论应该反映出研究或研究方法中的内容,这些内容才能更好地代表论文的特点和创新点。如果结论中涉及的内容太过简单,甚至完全不提及,那么结论将无法令人信服。

例如,某篇研究××公园游憩环境提升策略的MBA学位论文,其结论部分就过于简单,结论的提出显得十分生硬:

城市公园作为公共绿地,在城市游憩中是非常重要的载体。因此,城市公园的建设和管理应该以向使用者提供良好的游憩环境为最终目的。本文的主要研究结论:

(1)以××公园为例研究了影响游憩体验的环境因素,发现卫生设对游憩体验正面影响最高,活动设施对游憩体验负面影响最大。针对游憩体验负面影响因素,从自然环境、社会环境和管理环境三个方面提出提升策略。

(2)修正了影响游憩体验的游憩环境因素指标体系,文化内涵与活动维度补充了科普宣教因素,增设交通设施维度。

本研究也存在一定的局限性,需要从以下几个方面作进一步的调查:

(1)访谈时间的选择。受工作限制及其他方面影响,此次调查时间以周末白天为主,时间跨度也仅限于广州的秋冬季节,没有对全部游客类型进行调研。因此,对不同季节、不同时间段公园游客的调查是需要进一步完善的内容。

(2)案例自身的原因。××公园地铁站自2014年开始车站主体围护施工,施工期间公园游客的游憩体验受其影响较大,改进策略可能对公园的长期发展有些许偏颇。因此,需要在地铁施工结束后作进一步的调查。但受访者明确表示长周期施工是对游憩体验影响较大的因素,这对其他公园升级施工有一定的警示作用。

(3)调查对象的选取。在受访人群中,女性游客占了大多数,男性游客数量相对较少,主要原因是女性游客交流的意愿远大于男性游客,从而使改善策略可能存在一定的误差。今后应该尽量选取性别数量均衡的受访者,并对性别之间的体验差异进行分析,以更好地为公园的建设和管理提供参考。

可以看到,该结论缺少研究启示,没有体现论文研究的现实价值;单纯地罗列了研究结果,未说明其通过何种研究方法得出;局限性写得尚可,但整体篇幅占比偏大,容易引人诟病。这里特别需要强调的是,结论的撰写应将重点放在研究结论与研究启示上,尤其是撰写研究结论时,应结合研究假设与实证结果总结自己的研究发现,而不是简单地罗列计量结果,另外,还要避免过多描述论文的局限性。

第二节　参考文献的引用与注意事项

MBA学位论文研究取得的成果通常是在前人研究基础上的新进展,呈现出对先前工作的继承与延伸。当在论文中要将研究背景、研究目的、文献研究、论文设计等与已有结果进行比较的时候,就要涉及已有成果,这时就必须列出参考文献。

一、参考文献的引用原则

MBA学位论文的参考文献，又称参考书目，包含了在论文创作过程中查阅和参考的书籍、期刊文章等资料。这一部分应置于学位论文的结尾，用于明确指出在论文研究中直接或间接引用的其他学者的研究成果，以展示引用内容的所有权和来源。参考文献的完整编写不仅有助于维护知识产权，也是论文研究不可或缺的重要组成部分，与论文共同构建了科学研究过程的完整表达形式。参考文献的引用应遵循以下基本原则：

1. 参考最新文献

文献的新旧是评价论文质量的参考指标。为确保MBA学位论文的学术水平和可信度，参考文献要精选，仅限于MBA学员经过阅读并在论文中直接引用的文献。一般而言，MBA学位论文的引文应涵盖国内外最新的文献，最好在近五年以内，以表明学员对学科研究动态的密切关注，并展现对学术前沿情况的了解。选择新颖的文献有助于表明学员不仅关注过去的经典研究，还积极追踪学术领域的最新进展。如果引用的文献相对陈旧，可能表明理论思想和观点较为过时，所从事的研究可能偏向一般性，缺乏足够的创新性，因此论文水平可能受到影响。

2. 参考权威文献

每个学科都有其权威专家、顶尖期刊和高水平的学术论文。对于MBA学位论文而言，引用的文献应该主要来自管理领域的权威专家或高影响力的期刊，特别是那些具有较高管理学术与实践水平的论文。这样的参考文献能够体现学位论文的创新性和先进性。权威专家往往站在研究的前沿，他们的学术贡献丰富且备受瞩目。如果一篇论文引用了这些专家的成果，至少表明作者在该领域有深入了解，这也是从事高水平研究的必要条件。一般来说，如果论文所引用的参考文献主要来自该学科的权威期刊，说明论文的水平相对较高。反之，说明论文的学术水平不会太高。

3. 参考文献体现论文质量

在选题论证、调查研究以及论文撰写的全过程中，学员都需要参阅足够数量的文献资料,这是论文构建的基础和依据。如果引用的文献数量太少,一方面可能反映出作者不能充分利用他人的研究成果,对领域内的研究动态把握不足,研究的起点相对较低,这使得论文难以呈现创新或取得突破;另一方面,过多的参考文献可能导致评阅人对论文真实性和准确性的质疑,这需要结合文章内容,以确认是否存在引用过少或过多的问题。在 MBA 学位论文中,参考文献的数量应根据具体的论文类型、所涉及领域的研究现状以及整体发展情况而定。

二、参考文献的书写规范

参考文献的书写规范因学科和论文要求而异,以下是参考文献著录的规范示例:

1. 著作

著录格式:[序号]编著者.书名[M].出版地:出版社,出版年.

[1] 俞晟.城市旅游与城市游憩学[M].上海:华东师范大学出版社,2003.

[2] Driver,B L,Brown,P J,Peterson,G L. Benefits of leisure[M]. State College PA:Vebture Publish,1991.

2. 论文集、会议录

著录格式:[序号]编著者.题名.(会议日期)[G/C].出版地:出版社,出版年.

[1] 贾艳丽.构建品牌竞争新优势,打造深圳经济强市新引擎[A].第十五届中国标准化论坛论文集[G].北京:中国标准化协会,2018.

[2] Babu B V,Nagar A K,Deep K,et al. Proceedings of the Second International Conference on Soft Computing for Problem Solving,December 28-30,2012[C]. New Delhi:Springer,2014.

3. 报告

著录格式:[序号]报告撰写者.报告题名及编号[R].出版地:出版社,出版年.

[1] U.S. Department of Transportation Federal Highway Administration. Guidelines for handling excavated acid-producing material: PB 91 - 194001[R]. Springfield: U. S. Department of Commerce National Information Service,1990.

4. 学位论文

著录格式：[序号]学位论文撰写者.题名[D].地点：单位,年.

[1] CALxx R B. Infrared spectroscopic studies on solid oxygen[D]. Berkeley: Univ. of California,1965.

[2] 陈鑫.地方性金融投资公司发展战略研究[D].浙江：浙江大学,2018.

5. 专利

著录格式：[序号]专利申请者.专利题名：专利号[P].公告日.

[1] 张凯军.轨道火车及高速轨道火车紧急安全制动辅助装置：201220158825.2[P].2012-04-05.

6. 标准文献

著录格式：[序号]标准提出者：标准编号[S].出版地：出版社,出版年.

[1] 全国信息与文献标准化技术委员会.文献著录：第4部分 非书资料：GB/T 3792.4-2009[S].北京：中国标准出版社,2010.

7. 专著中析出的文献

著录格式：[序号]析出文献的著者.书名[M]//版本.出版地：出版社,出版年：页码.

[1] Smith, J A. The role of leadership in organizational change [M]//Johnson, M R. Leadership and Change. New York: Academic Press, 2001: 45 - 67.

[2] 白农书.植物开花研究[M]//李承森.植物科学发展.北京：高等教育出版社,1998：146-163.

8. 期刊中析出的文献

著录格式：[序号]析出文献的著者.题名[J].刊名,年,卷(期)：页码.

[1] 韩晓梅,龚启辉.吴联生薪酬抵税与企业薪酬安排[J].经济研究,2016(10):107-109.

[2] Hossen S M. Employees' Satisfaction of Government and Non-Government Banks in Tangail City, Bangladesh [J]. Journal of Investment Management,2018,7(2):53-54.

9. 报纸中析出的文献

著录格式:[序号]析出文献的著者.文献题名[N].报纸名,出版日期(版次).

[1] 丁文祥.数字革命与竞争国际化[N].中国青年报,2000-11-20(15).

10. 电子资源

著录格式:[序号]编著者.电子资源题名[EB/OL].(发表日期)[更新日期].获取和访问路径.数字对象唯一标识符.

[1] 萧钰.出版业信息化迈入快车道[EB/OL].(2001-12-19)[2002-04-15]. http://www.creader.com/news/20011219/200112190019.html.

三、引用参考文献需注意避免的问题

参考文献是MBA学位论文的一个重要组成部分,它不仅是作者学术态度的体现,而且是评价论文学术水平的一个重要依据。在引用参考文献时有一些注意事项:

1. 不能剽窃论文

通过参考文献的索引功能判别引用的真实性、准确性。随着科学技术的快速发展,各种新知识、新研究成果比较容易获得,也给抄袭剽窃和其他弄虚作假行为提供了便利。通过查阅列出的文献,可以发现作者是直接阅读原始文献还是转引文献,是确有此文献还是作者杜撰的。

2. 不引用未公开文献

在文献选择中,尽量避免引用仅在内部交流或专门用途刊物上发表的文章,尤其是不适宜公开的资料。这样的文献可能受到限制,对学术界的贡献和可验证性较差，因此不适宜作为学位论文的参考文献。

3. 不能省略重要文献

有些学员为规避指责抄袭的责任，刻意选择省略一些重要的参考文献。这种行为可能是出于对违反学术诚信的担忧，但这也会导致论文的不完整和缺乏充分依据，从而影响论文的学术质量。维护学术诚信是每位研究者的责任，应当在撰写论文时充分引用相关文献，确保研究成果的合理性和可信度。

4. 注意文献排序方式

参考文献的排序一般按照作者的姓氏、出版年份、文章或书籍标题等信息进行。最常见的排序方式是按照作者的姓氏首字母升序排列，如果有多个作者，则按照第一作者的姓氏首字母排序；在同一作者的情况下，可以根据出版年份排序，使得较早发表的文献排在前面。如果文献是期刊文章，还可以根据期刊名称和卷期号进行排序。排序的目的是为了使评阅人能够方便地查找和阅读引用的文献，同时符合学术写作的规范。

第七章
MBA 学位论文的格式规范

第一节　字数与格式要求

为保证 MBA 学位论文的质量,体现 MBA 学位论文的特色,依据国务院学位办〔1995〕3 号文件、〔1996〕58 号文件和《MBA 硕士试行培养方案》的精神,各个院校结合自身培养工作的实际,对论文格式作出了规定。

学位论文要求采用规范的汉字书写,不得使用繁体字、异体字等不规范的汉字以及标点符号等(特殊需要除外),也不能用外文撰写。通常中文字体使用"宋体",西文字体使用"Times New Roman"。标点符号的用法以《标点符号用法》(GB/T 15834-2011)为准,数字用法以《出版物上数字用法的规定》(GB/T 15835-1995)为准。

按照我国学位论文的规定,除非特殊情况,正文必须使用中文。有些合资企业的信息系统和报表、图形,往往是英文的,我们需要把这类图表的英文翻译成中文,如有英文缩略语,需要注释。

论文版面的要求:页边距采用 Word 的默认值,即上下均为 2.54 cm,左右都为 3.17 cm;采用 A4 纸张;页眉和页脚距边界分别为 1.5 cm、1.75 cm;行距设为 1.5 倍。奇偶数页的页眉不相同,即"某某大学 MBA 学位论文"——偶数页左对齐,"论文题目"——奇数页右对齐,宋体小五号字。页脚为页码标号,底部居中。从第一章绪论开始,按阿拉伯数字连续编排,对于前面的摘要、目录等部分,用大写的罗马数字单独编排页码。

MBA 学位论文的内容一般包括标题、目录、中英文摘要、绪论、文献综述和理论基础、正文、结论或结束语、参考文献、致谢,有时候还有附件。论文标题不超过 25 个汉字,一般不列副标题。目录从第一章开始编,不要把中英文摘要编进去,列出章、节、目三级标题。不管论文属于何种形式,其绪论都应介绍论文的研究背景、意义,文献综述旨在通过对文献资料的梳理总结,进一步说明论文内容的前瞻性、新颖性和重要性。论文的正文是对研究或调查的问题展开和分析的过程。结论部分或结束语要简要概括自己工作和研究的新观点与具有创新性的思想、建议。MBA 学位论文的字数一般不少于 3 万字。

MBA 学位论文写作框架是对论文的主要构思。以下是三篇不同类型的学位论文的写作提纲,即论文目录,以供学习借鉴。

例 1:《产融结合对企业创新影响的案例研究——以××为例》目录

摘要
Abstract
第 1 章 绪论
    1.1 选题背景与研究问题
        1.1.1 选题背景
        1.1.2 研究问题
    1.2 本文研究视角
    1.3 研究意义与分析方法
        1.3.1 研究意义
        1.3.2 分析方法
    1.4 研究思路、内容与框架
        1.4.1 研究思路
        1.4.2 研究内容
        1.4.3 研究框架
第 2 章 文献综述与理论基础
    2.1 产融结合的概念界定
        2.1.1 产融结合定义
        2.1.2 产融结合主体与融合方式

2.1.3 产融结合的本质
2.1.4 产融结合的发展模式
2.2 企业产融结合的基础理论分析
2.2.1 资源基础理论
2.2.2 信息不对称理论
2.2.3 交易成本理论
2.3 企业创新的界定及度量标准
2.3.1 企业创新的界定
2.3.2 企业创新的度量标准
2.4 产融结合与企业创新的理论分析
2.4.1 产融结合对企业创新的重要性
2.4.2 产融结合对创新发展的动因分析

第3章 航天科技产融结合影响企业创新的案例概况
3.1 航天科技公司概况
3.1.1 航天科技公司发展历程
3.1.2 航天科技公司主营业务
3.1.3 航天科技公司研发情况
3.2 航天科技公司产融结合情况
3.2.1 行业背景
3.2.2 产融结合模式选择
3.2.3 产融结合历程
3.3 航天科技公司产融结合动因
3.3.1 加强信息对称,促进创新融资效率
3.3.2 减少交易费用,降低企业创新成本
3.3.3 优化资源配置,降低企业创新风险
3.3.4 有利于多元化发展,建立新的增长点

第4章 航天科技产融结合对企业创新影响的案例分析
4.1 产融结合对创新影响的指标选择
4.2 产融结合对研发投入的影响

4.2.1　产融结合与企业研发费用支出
　　　4.2.2　产融结合与企业研发人员素质
　　　4.2.3　同行业非产融结合企业对比
　4.3　产融结合对创新产出的影响
　　　4.3.1　企业专利申请数的增长分析
　　　4.3.2　企业专利授权数的增长分析
　4.4　产融结合影响企业研发创新的作用机制分析
　　　4.4.1　促进企业研发资金的可得
　　　4.4.2　增加企业创新投入的动力
　　　4.4.3　提升企业创新产出的质量
　4.5　产融结合实施后对企业经济后果分析
　　　4.5.1　实施产融结合企业的经济后果
　　　4.5.2　对标分析

第五章　结论与展望
　5.1　研究结论
　　　5.1.1　产融结合有助于缓解企业研发创新的融资约束
　　　5.1.2　产融结合有利于企业研发创新能力的增长
　　　5.1.3　产融结合缓解融资约束对创新研发的抑制作用
　5.2　研究展望

参考文献

例2：《××铁路设备制造企业研发类岗位员工绩效考核优化研究》目录

摘要

Abstract

第1章　绪论
　1.1　研究背景
　1.2　研究目的及研究意义
　　　1.2.1　研究目的

1.2.2　研究意义

　1.3　研究内容及论文框架

　　1.3.1　研究内容

　　1.3.2　论文框架

　1.4　研究方法

　1.5　创新之处

第2章　文献综述与相关理论

　2.1　国内外研究现状

　　2.1.1　国外研究现状

　　2.1.2　国内研究现状

　　2.1.3　国内外研究评述

　2.2　相关理论

　　2.2.1　绩效考核

　　2.2.2　研发类人才的绩效特征

　　2.2.3　绩效管理和绩效考核的关系和区别

　　2.2.4　层次分析法概述

第3章　××企业研发型岗位员工及其绩效考核现状

　3.1　××企业概述

　　3.1.1　××企业背景介绍

　　3.1.2　××企业组织架构

　3.2　××企业研发人员现状

　3.3　××企业研发类岗位员工绩效考核现状

第4章　××企业研发类岗位员工绩效考核问题分析

　4.1　××企业研发类岗位员工绩效考核调查

　　4.1.1　调查目的

　　4.1.2　调查内容

　　4.1.3　问卷信效度检验

　　4.1.4　问卷结果分析

　4.2　××企业研发类岗位员工绩效考核存在的问题

4.2.1 绩效考核指标及权重设置不合理
4.2.2 绩效考核了解不够深入
4.2.3 绩效考核不公平且不透明
4.2.4 绩效考核反馈机制不健全
4.3 ××企业研发类岗位员工绩效考核产生问题的原因
4.3.1 维度设计偏颇
4.3.2 对绩效考核的重要性认知不够
4.3.3 仅由上级领导指定方案
4.3.4 被考核员工与考核制定者缺乏沟通

第5章 ××企业研发类岗位员工绩效考核优化的设计
5.1 绩效考核优化的设计原则和指导思想
5.1.1 设计原则
5.1.2 指导思想
5.2 重新确认绩效考核维度及权重分配
5.2.1 重新确认绩效考核维度
5.2.2 基于层次分析法确定绩效评价指标权重
5.2.3 构造各阶层的判断矩阵
5.2.4 确定一级指标权重
5.2.5 确定二级指标权重
5.2.6 确定三级指标权重
5.2.7 确定绩效考核指标权重
5.3 优化绩效考核方案
5.3.1 工作业绩的考核方式和标准
5.3.2 工作能力的考核方式和标准
5.3.3 工作态度指标的考核方式和标准
5.3.4 团队精神指标的考核方式和标准
5.4 设计流程化沟通版块
5.4.1 成立领导机构
5.4.2 开展绩效培训

5.4.3 绩效评价

5.4.4 绩效反馈与面谈

5.4.5 绩效申诉

5.4.6 考核结果运用

第6章 ××企业研发类岗位员工绩效考核优化的实施和保障

6.1 绩效考核优化的实施

6.1.1 实施目标

6.1.2 实施计划

6.1.3 实施重点与难点

6.2 绩效考核保障措施

6.2.1 制度与机制保障

6.2.2 技术保障

6.2.3 物质保障

6.2.4 文化保障

第7章 结论与展望

7.1 论文结论

7.2 研究不足与展望

7.2.1 研究不足

7.2.2 展望

参考文献

附录一

附录二

附录三

附录四

例3：《民营培训机构××品牌形象影响因素及提升研究》目录

摘要

Abstract

第1章 绪论
  1.1 选题背景与意义
    1.1.1 研究背景
    1.1.2 研究意义
  1.2 研究方案
    1.2.1 研究思路
    1.2.2 研究内容
    1.2.3 研究方法
    1.2.4 技术路线
  1.3 研究创新点
第2章 国内外研究现状及相关理论
  2.1 国内外研究现状
    2.1.1 国外研究现状
    2.1.2 国内研究现状
    2.1.3 研究评述
  2.2 相关概念及理论基础
    2.2.1 品牌形象的概念及特点
    2.2.2 培训机构品牌形象的概念及其影响因素
    2.2.3 品牌形象的理论基础
第3章 天津××公考培训机构品牌形象现状及问题分析
  3.1 天津××公考培训机构概况
    3.1.1 天津公考培训市场现状
    3.1.2 公司简介及主要业务
    3.1.3 天津××公考培训机构品牌定位与内涵
  3.2 天津××公考培训机构品牌形象SWOT分析
    3.2.1 优势分析
    3.2.2 劣势分析
    3.2.3 机遇分析
    3.2.4 威胁分析

3.3 培训机构品牌形象所存在的问题与不足
    3.3.1 品牌差异化定位不突出
    3.3.2 品牌核心价值引导不足
    3.3.3 品牌传播渠道资源不足
    3.3.4 品牌发展规划不明确
    3.3.5 品牌维护管理不善

第4章 民营培训机构品牌形象影响因素实证分析
4.1 模型构建及研究假设
    4.1.1 模型构建
    4.1.2 研究假设
4.2 测量问项设计及调查实施
    4.2.1 测量问项设计
    4.2.2 数据采集
4.3 天津××公考培训机构品牌形象影响因素分析
    4.3.1 样本描述性统计分析
    4.3.2 信度与效度分析
    4.3.3 相关因子分析
    4.3.4 相关性分析
    4.3.5 影响路径系数分析

第5章 天津××公考培训机构品牌形象维护优化方案
5.1 实施差异化品牌定位
    5.1.1 树立"创造最佳公考培训"的教学理念
    5.1.2 基于公考培训课程的服务差异化定位
5.2 强化品牌核心价值
    5.2.1 强化"学员个性化教育"的核心价值
    5.2.2 提升机构办学质量及服务
5.3 加强建设品牌内外部传播渠道
    5.3.1 提升市场口碑
    5.3.2 加强与高校的公关传播策略

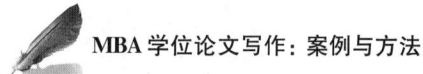

  5.3.3 重视网络营销传播渠道
5.4 调整品牌战略规划
  5.4.1 确立品牌愿景和目标
  5.4.2 准确规划品牌识别符号
5.5 重视品牌维护管理工作
  5.5.1 打造优秀品牌管理团队
  5.5.2 重视品牌的维护

第6章 结论与展望

参考文献

附录：关于公务员考试及考前培训情况的调查

致谢

第二节 目录的编排规范

  对于学位论文的目录编排，各个学校有不同的规定。这里推荐一种符合规范、容易引用的编排方式。对于章、节、目三级目录，可以这样编排，如下所示：

第2章 文献综述及理论基础
  2.1 文献综述
    2.1.1 信托理财行业层面的文献研究
    2.1.2 关于个人信托投资者投资决策影响因素的研究
  2.2 理论基础
    2.2.1 家庭生命周期理论
    2.2.2 行为金融学理论
    2.2.3 非理性行为
    2.2.4 投资决策
第3章 我国信托市场现状
  3.1 信托的含义与分类
    3.1.1 信托的含义

3.1.2 信托产品分类

3.2 信托在我国的发展

3.2.1 信托业务规模

3.2.2 信托资金投向

3.2.3 信托产品收益

其中,章的序号用阿拉伯数字,因为在出版规范中,如果用阿拉伯数字表示不会出现歧义,则优先使用阿拉伯数字。

节、目的编号,用"章号"+"."+"节号"+"."+"目号",这样表示的隶属关系非常清晰,也易于引用,比如"见第 3.1.1 节"相较于"见第三章第一节第一目"更简洁清晰。

目以下的编号,没有具体规定,一般推荐用以下两级,如:

(1) 家庭生命周期理论

(2) 行为金融学理论

  1) 行为金融学产生与发展

  2) 行为金融学的主要内涵

(3) 非理性行为

  1) 过度自信

  2) 羊群效应

  3) 模糊厌恶

  4) 晕轮效应

对于专业学位论文来说,五级目录已经足够。如果还有更多的层级,评阅人就要怀疑论文的章节划分是否存在问题——某些章节的内容可能过多。

还需要特别注意的是,不要在第三级"目"之下,使用以下编号体系。

(1) 不要使用数字加点,如 1.、2.、3.……如果这样编号,和"章"号冲突。

(2) 不要使用汉字编号,如一、二、三……这样的编号在报告中类似"章"一级的编号,在教科书中类似"节"的编号。

(3) 不要使用汉字加括号，如(一)、(二)、(三)……这样的编号是教科书中类似"目"的编号。

(4) 不要使用英文字母，如 A、B、C…a)、b)、c)…学位论文是不允许使用英文编号的。

(5) 不要使用 Word 中的项目符号，如■、★、△、※、⊙等。同样，学位论文不允许用项目符号来编号。

(6) 在带括号的编号后面，不能使用"."、"、"号。例如，"(1)、"是错误的。

第三节　图表的绘制规范

对于论文中出现的图、表、公式等，一律用阿拉伯数字分章依序进行连续编码。标注形式也应便于相互区别，例如，图 1-1(第 1 章的第一个图)、图 2-2(第二章的第二个图)、表 3-2(第三章的第二个表)等。图表的标注应该简明，图表号和图表的标注之间空 1 个字符，居中放置。图的编号必须放在图形下面，表的编号放在表的上面。如果是自己制作的图表，只需要标明数据或资料来源。如果引用他人的图和表，必须注意注明出处。标注可以在图表的下方，亦可体现在页下注中。

图的名称和图组成统一体，必须放在同一页中；同样，表的名称和表组成统一体，原则上放在同一页上。如果一个表的长度不足一页，不要分开放到两页中，可以通过移动部分文字，让完整的表留在同一页上；如果表格太大超过一页，需要在前一页的末尾注明"待续"，下一页上方注明"续表"，表头也应重复排出。如果图表过宽或者适合横排，可以将图表所在页面设置成"横排"，或者用大开本的纸张单独打印，统一编页码，装订时注意放到相应位置。

图表在正文中的作用是协助阐述观点，因此在正文中需要以文字引入图表。通常，首先通过一段文字陈述观点，随后引用图表的编号。在提供图表后，可以根据图表呈现的内容，通过文字加以进一步的解释。以下是在引用他人图表时应考虑的标注要点的举例说明。

一、图的标注和引用

阿里巴巴上市后的各项利润率水平都有不同程度的下降。2015—

2019年期间,销售净利率从46%下降至25%,资产收益率从19%下降至11%,如图7-1所示。

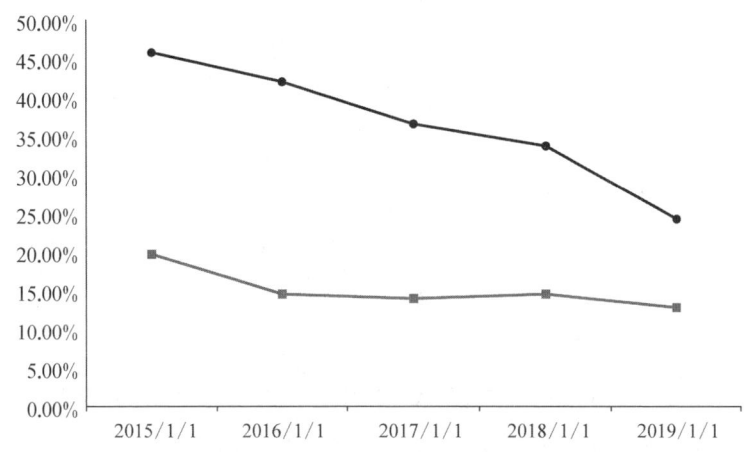

图7-1　2015—2019年阿里巴巴盈利能力趋势图

资料来源:吴梦娇.阿里巴巴商业生态圈的战略布局及其经济效果研究[D].苏州大学,2020.

2015年至2019年期间,中国电子商务行业发展迅猛,市场上各家竞争者(京东、拼多多等)都在以大量资金优化平台,搭建物流平台以吸引B端和C端客户。同时各电商平台也不断开发市场,由于一、二线城市C端用户数量逐渐饱和,各平台也开始下沉渠道,向三、四线城市发展,吸引更多的C端用户。三线以下城市、县镇与农村地区的市场普遍具有范围广而散、服务成本高等特点,因此市场的整体竞争压力较大,公司的销售费用及研发费用逐年上涨,造成利润率水平下降。根据公开披露信息,"京东"近五年的毛利率稳定在13%~15%,2019年净利润(按照中国准则)首次实现盈利,达到1%左右;"拼多多"近两年的毛利率水平在50%~80%区间,净利润按照中国准则尚未实现盈利。综合来看,虽然近五年阿里巴巴的利润率逐年下降,但是和行业内的其他企业相比仍处于较高水平。

二、表的标注和引用

使用表格可以得到更加直观的结果,见下例:

天津××公考培训机构自成立以来取得了较好的口碑,其依靠前期已经形成的品牌影响力来进行品牌传播,但仅依靠这种口碑相传的形式使得其品牌传播的效率大打折扣,并且其又缺少专业的营销团队、缺乏有效的品牌营销策略,使得线上线下品牌营销渠道不够畅通。而当前天津××公考培训机构所面对的潜在客户,恰恰都是85后、90后等年轻人,这一群体对互联网的依赖达到了空前的地步,而××机构对于线上品牌的营销则没有足够重视,导致线上品牌传播的效果不佳。比对2018年天津××机构与同地区其他知名公考培训机构在品牌传播上的策略来看,天津××公考培训机构的确在品牌传播上存在一定短板,具体见表7-1所示。

从表7-1的数据信息得知,相比其他几家培训机构,天津××机构在品牌传播上存在力度不足以及渠道狭窄的问题,一方面,在品牌传播渠道上,天津××机构更多注重在线下,对线上的渠道投入力度不足,没有实现线上渠道全覆盖;另一方面,从品牌传播投入的人力以及资金上,天津××机构明显不足,在品牌传播经费以及参与人次上,天津××机构和其他3家完全不在一个级别。

表7-1　2018年天津××机构与其他机构在品牌传播上的策略比对

机构名称	品牌传播策略	传播经费	参与人次
天津××机构	线下营销团队,新老客户口碑营销,微信QQ百度营销,户外商业广告营销	56万元	567人次
天津中公	线下团队营销,商业广告,宣传手册营销	237万元	3 897人次
天津华图	线上各类网络全覆盖营销,包括新浪、微信、微博、抖音、豆瓣、知乎、百度等	189万元	2 764人次
天津新东方	客户上客户好评返点、客户推广打折等	211万元	3 021人次

在图表的使用中,还需要注意以下几个问题:

(1)根据论文要传达的信息选择合适的图表类型。例如,柱状图适用于比较不同组的数据,折线图适用于显示趋势,饼图适用于显示百分比等。

（2）相同的信息无须在表格和图形中重复呈现。为了版面美观，一些学员在展示数据表后，会将表格内容转化为圆饼图、折线图等。然而，如果表格和图形中的信息完全相同，那么只需保留其中一个即可。

（3）根据图表的内容调整图表大小，既不过小以至于难以辨认，也不过大以至于浪费空间。

（4）有些图表是通过照片、扫描等渠道获得的，模糊不清，还有些图（例如圆饼图）使用彩色，从电脑上看效果很好，但打印成黑白稿之后，色差小，不能很好地表达信息。这些图表都需要重新制作。

（5）在图表中，要特别注意数据计量单位的标注以及文字，应用简体中文，除非其中的外文有特别的意义。

（6）避免过度使用 3D 效果，因为这可能使图表变得复杂且难以解读。简单的二维图表通常更易理解。

第四节　参考文献的引用规范

参考文献主要是同论文内容密切相关的最新的文献，所附文献应在论文中得到正确的标注引用。一般而言，硕士学位论文参考文献不能少于 50 篇，其中英文文献不能少于 10 篇，书籍占 10％～20％，学术论文占 40％～50％，参考资料（包括各种报告、统计调查表等）占 30％～40％，参考网站少量等。

一、引文、参考文献与注释的区别

在学术写作中，引文、参考文献和注释是三种对他人研究成果借鉴和利用的不同标记方式。这三个术语的区别有时并不那么清晰。由于学术界对它们之间的关系也存在不同的看法，因此，为了便于掌握，本书对此做了简要区分。

狭义层面上的"引文"即指"引语"，即作者出于论证的需要而直接引用其他文献中的语句或段落。如果作者直接引用，不进行调整，则称为"直引"；若根据写作需要用自己的语言表达引用内容的要义，则称为"意引"。而在广义层面上，"引文"不仅包括引语，还包括参考文献及其在正文中的标注方式和著录方式等内容。

参考文献是对某一信息资源(例如专著)或其特定部分(例如专著章节)进行准确详细的记录,通常位于文末或文中,作为信息来源的标识。GB/T 7714-2015《信息与文献 参考文献著录规则》把参考文献区分为阅读型参考文献和引文参考文献。阅读型参考文献指的是作者为创作或编辑论著而深入阅读过的信息资源,或者为读者提供进一步阅读的资源。这类参考文献通常在文后、书的各章节后或书末进行详细著录。引文参考文献则是指作者为编写或编辑论著而引用的信息资源,其著录方式可以集中在文后或书末,也可以分散著录在页面底端。

注释是通过简明的文字对作品中特定部分进行解释和说明,通常以脚注、尾注或夹注(文中注)的形式呈现。根据注释对象的不同,注释可分为文献注和非文献注两大类。非文献注进一步可分为题名注、作者注、术语注和论据注等。文献注在某种程度上类似于前文提到的引文和参考文献。一些学者提出将文献注与注释分开,以便注释主要包含非文献注的相关内容。

二、参考文献的标注方法

目前在不同的高校和不同的学科,参考文献的标注方法尚未有明确统一的规定。换言之,不同的高校及学科都有自己的引用标准。为了简化处理,我们以GB/T 7714-2015《信息与文献参考文献著录规则》为例,介绍两种参考文献标注方法:顺序编码制和作者-出版年制。

(一) 顺序编码制

当正文中采用顺序编码制对引用的文献进行标注的时候,按正文中引用的文献出现的先后顺序连续编码,并将序号置于方括号中。同一处引用多篇文献时,应将各篇文献的序号在方括号内全部列出,各序号间用","。如遇到连续序号,起讫序号间用短横线连接。多次引用同一作者的同一文献时,在正文中只标注首次引用的文献序号,并在该序号的"[ ]"外著录引文页码。

与此对应的参考文献表,每条文献的序号都要加方括号,并且该序号要跟正文中出现的序号一一对应。在正文中多次引用同一作者的同一文献时,鉴于已在正文中记录每次引用的页码,因此在参考文献表中无需重复注明该文献的页码信息。以下是顺序编码制的应用示例：

一般来讲，研发管理的研究范围一般可以包括组织、流程、项目、人员等多个方面[1]。随着社会经济的发展，研发管理的形态和模式也在持续演进。按照时间段，研发管理的发展历程大致可以分为四个阶段，第一代研发管理、第二代研发管理、第三代研发管理和第四代研发管理[2]。20世纪50年代末之前的第一代研发管理，主要以科学家为主导，企业管理人员并不参与具体的研发相关活动，因此普遍认为第一代研发会缺乏战略管理思维和框架。20世纪70年代左右，企业开始重视市场需求，伴随着项目管理思想的发展，应用研究和产品开发开始使用项目管理的理论来指导，慢慢形成了第二代研发管理。这时企业研发管理采用的体系实质上变成了项目管理体系[3]。20世纪80年代，进入了第三代研发管理的阶段，研发能力逐步成为企业核心竞争力之一，第三代研发管理的显著特征是研发与企业战略相结合[4]。到20世纪90年代，随着全球经济开始进入多元化竞争状态，新技术和新市场成为研发创新的焦点。第四代研发管理开始发展，研发创新成为企业竞争优势的主要手段之一。从这个阶段开始，研发管理的地位得到了充分的重视，很多企业把战略重点都开始转移到研发创新[5]。这个阶段的研发管理更关注新的技术，更加注重研发创造的收益以及自有知识产权和核心技术[6]。到了21世纪，第五代研发更加注重创新效率，通过低成本，更快更好地研发创新开始成为企业的核心竞争力之一[7]。

对应的参考文献表：

[1] 陶维国. 研发管理[M]. 深圳：海天出版社，2002.

[2] 赵国栋. 创新主导第四代研发管理[J]. 系统管理，2006(153)：62—63.

[3] 项志芬，王春想. 基于项目组合管理理论的研发项目管理流程研究[J]. 石家庄铁道大学学报(社会科学版)，2013(1)：1—4.

[4] 菲利普. A. 劳赛尔，卡马尔. N. 萨德，塔玛拉. J. 埃里克森. 第三代研发[M]. 北京：机械工业出版社，2004.

[5] 李照辉，周茂萍. 高科技新产品开发流程研究[J]. 中国高新技术企

业,2011(21):7—9.

[6] 刘莉,张明娟.西方R&D管理模式的演变及我国企业之借鉴——以深圳为例[J].科学学与科学技术管理,2006(7):39—43.

[7] 王宗良,朱斌.五代R&D管理模式比较研究[J].科技进步与对策,2006(8):189—192.

(二)作者-出版年制

当正文引用的文献采用作者-出版年制时,各篇文献的标注内容由作者姓氏与出版年构成,并置于"()"内。如果正文中已提及作者姓名,则在其后的"()"内只需著录出版年。引用两位作者文献时,对外文文献需标注两位作者的姓,中间用"&";对中文文献中国作者需标注两位作者的姓名,中间用"和"。引用三位及以上作者文献时,对外文文献只需标注第一个作者的姓,其后附"et al.";对中文文献应标注第一作者的姓名,其后附"等"字。姓氏与"et al.""等"之间留适当空隙。正文中多次引用同一作者的同一文献时,在正文中标注作者与出版年,并在"()"外以上角标形式标注引文页码。另外,当著录同一作者在同一年出版的多篇文献时,出版年后用小写字母"a,b,c…"区别。

对应的参考文献表首先要按文种(中文、日文、西文、俄文和其他文种)将文献进行集中汇总,然后在每类文种文献内部按作者姓名首字母顺序和出版年排列,最后整体按顺序编码。以下是作者-出版年制的应用示例:

本论文以现有的各种文献为基础,将研发人员的定义分为三大类:一类是从工作内容上进行分类,比如Drucker(1995)认为,研发类岗位员工就是指能够充分将专业知识内的符号以及概念充分运用到工作中的员工;一类是从工作模式上进行分类,Francis Herrbee(2009)认为,研发类岗位员工是指帮助企业在创造利润的过程中,脑部劳动大于体力劳动的员工,具有创新性,为公司的商品提供增值的人;一类是按工作的本质进行分类,把研发人员看作是知识工作者。这三类主要概念从侧面也能反映出不同的学者对于研发类岗位员工的了解程度不同,但认知面相同。……冯柏(2022)采用平衡计分卡作为研究手段,对公司早期实施绩效评估的问题进行了深入的探讨和分析。高梅(2019)对企业各类员工的薪酬水平进行了研究,结果发现,企业员工的薪酬水平与员工种类有直接联系,并且绩效考核结果也与员工种类有直接的挂钩,并且,她探讨了企业的奖惩机制、薪酬制度与员工种类的关系。胡燕慧(2020)指出,企业进行员工绩效考核需要有效的联系实际,无法脱离实际意义而存在。

对应的参考文献表：

[1] Drucker. A performance appraisaland promotion Ranking system based on fuzzy logic：A nimple mentation case inmilitary organizations[J]. Applied Soft Computing,1995,10(2)：512—519.

[2] Francis Herrbee. A gregating Group MCDM Problexx Using a Fuzzy Delphi Model for Personnel Performance Appraisal[J]. Scientific Research and Essays,2009,4(5)：381—391.

[3] 冯柏. 高新技术企业研发人员的考核困局与变革[J]. 衡水学院学报,2020,22(1)：64—68.

[4] 高梅,杨光. 电力企业研发人员科技成果转化奖优化设计[J]. 科技创业月刊,2019,32(11)：115—117.

[5] 胡燕慧. 矩阵式企业研发人员的绩效考核研究——基于模糊层次分析法的探讨[J]. 中国集体经济,2020(27)：112—114.

三、文献引用的注意事项

上文我们以 GB/T 7714-2015《信息与文献 参考文献著录规则》为例介绍了两种主要的参考文献标注方法。当然,不同的标准有各自的规则和要求。因此,这里提供一些文献引用的注意事项：

第一,在阅读过程中,应随时记录今后可能引用的文献的所有必要信息。通常情况下,无论使用何种标准来著录参考文献,都需要包括文本信息(如标题名)、作者信息、出版信息(如出版者)以及获取信息(如 URL)。特别是在阅读专著时,务必在阅读过程中记录好页码等重要信息,以免后续重新查找时耗费不必要的时间和精力。

第二,建议在手边储备自己经常使用的几种参考文献著录标准文档,以便随时查阅。在著录过程中，如果遇到不确定的情况，及时查阅相应的著录规则是至关重要的，这有助于确保所有细节都准确无误。通过维护一个方便查阅的文档库，能够提高对著录规范的熟悉度，确保参考文献的标注符合学术要求。这种做法有助于提高文献著录的效率和准确性，同时也有助于保持文献著录的一致性。

第三，可以灵活运用一些专门的参考文献管理软件，比如 End Note 和 Note Express 等。这些软件除了支持在线搜索、导出、导入文献以及编辑文献等功能外，通常还内置了学术界常用的参考文献著录标准。借助这些工具，可以方便地生成符合特定著录标准的参考文献。然而，需要注意的是，为了避免因软件操作失误可能导致的错误，最好在生成参考文献后进行一次核对，确保格式和内容的准确性。

第五节　论文语言的写作规范

MBA 学位论文具有显著的专业性，选题和内容均明确指向解决专业性的学术问题。在论文的撰写过程中，需要注重用语的针对性，紧密围绕经济效益这一企业所追求的核心目标。同时，鉴于论文的受众主要是同行，应当运用管理学专业术语和专业性图表符号，无需过分担心其他人是否理解。通过运用合适的专业术语，能够将学术问题以简洁、准确、规范的方式表达。

一、客观、务实的写作风格

在论文写作中，要坚持客观性、实用性、科学性和避免情绪化的原则，尽量不要使用设问、反问、感叹等加强情感效果的语言表述方式。

客观性要求在论证过程中避免个人偏见和主观臆断，而是从客观实际出发，得出符合实际情况的结论。坚持客观性原则实质上是在坚持真实性原则的基础上，要求以客观、准确的方式呈现事实，确保研究立论更加真实可信。比如，在题为"某铁路设备制造企业研发类岗位员工绩效考核优化研究"这篇论文的写作中，作者绘制了表 7-2，从表中可以得出"35 岁以下的研发类岗位员工人数最多"的结论。

表7-2 某公司研发人员年龄结构分布

年龄分布	人　数	比例(%)
46岁以上	20	12.05
36～45岁以上	20	12.05
35岁以下	117	75.90
总　　计	166	100

资料来源：某企业内部资料。

实用性就是要与实际情况紧密联系，也就是对现实中的情况要具有一定的指导作用。比如，上面所提论文的选题就具有现实指导意义。这项研究不仅能够帮助该企业最大程度上调动研发类岗位员工的主观能动性，帮助企业获得更大的市场份额，拓宽企业利润空间，同时也能给其他铁路设备制造企业提供一些借鉴与参考。

科学性首先指的是论文所提出的方法和论点可通过科学方法进行验证，而非空谈假设。确保论文具备科学性的关键在于采用踏实、实事求是的研究态度。科学性的第二个方面是采用科学的研究方法，即先使用归纳法，随后采用演绎法。应该从大量具体材料开始归纳，由个别到一般，以归纳为基础进行分析，最终得出结论。最后，确保研究内容的科学性，包括正确的论点、清晰的概念、确凿的论据、严密的推理和准确的语言。这样的科学性要求是确保研究可信度和严谨的基石。

对论文中观点的陈述，应该客观、具体，避免主观性和情绪化的评论与脱离具体内容的解释。

二、善于用数据和图表说话

不少论文篇幅冗长，给阅读者带来疲劳感，同时也容易失去说服力和科学性。为了解决这一问题，一个有效的方法是在适当的位置充分运用图表和数据。善用图表和数据不仅能使论文更为简洁和富有表现力，而且可以赋予文章充分的论证基础,增强说服力。同时,数据的运用体现了现代企业管理的核心思想。在论述过程中,若能够引用数据作为佐证,论文的客观性和说服力将大大提升。

正如俗话所说,"一图胜千言",这句话深刻地强调了图表的独特作用。图表凭借其直观生动、易于理解的特点,远胜于单纯使用文字,更能清晰地传达信息。

（一）如何用数据说话

充实可靠的数据对于问题分析至关重要,因此强烈建议在论文中使用数据来支持观点。通过以数据为依据进行论述,不仅能够使论文更加具备理性和论证力,而且能够更好地展现追求真实和务实的科研精神。

在进行行业分析时,可以借助行业网站、统计年鉴等信息源,获取该行业过去几年的主要经营数据,包括但不限于企业数、销售额、利润等关键指标。在介绍所研究的企业或单位时,可以通过整理这些数据并以表格形式呈现,清晰地展示该行业在过去几年的整体经营状况以及最近的发展趋势。通过这样的数据可视化方式,能够更直观、有力地传达行业的动向,相较于单纯的文字叙述,更具有说服力。

使用数据时,要对数据进行筛选和加工,避免使用不当的问题。常见的问题有：

（1）简单罗列大量数据。为了规避这个问题,需要明确研究目标,清楚地知道数据要用来解释什么问题。在论文引用数据之前,可以先将数据整理到自己的工作表中,经过适当加工处理后再嵌入论文中,这样有利于确保数据的准确性和清晰度。某论文中第一个表格的内容如表7-3所示。

表7-3 李宁公司2014—2020年营业收入及利润增长指标

报告期	2014年	2015年	2016年	2017年	2018年	2019年	2020年
营业收入（亿元）	60.47	70.89	80.15	88.74	105.11	138.7	144.57
增加额（亿元）	2.32	12.21	10.48	9.50	19.39	44.33	6.07

资料来源：李宁公司2014—2020年度业绩报告整理。

该表中的信息是可靠的,但问题在于仅仅罗列数据并不能够清晰地展示增长趋势。如果我们做一些变动,指出并比较每年的增长率,效果要好得多,如表7-4所示。

表7-4 李宁公司2014—2020年营业收入及利润增长指标

报告期	2014年	2015年	2016年	2017年	2018年	2019年	2020年
营业收入(亿元)	60.47	70.89	80.15	88.74	105.11	138.7	144.57
增加额(亿元)	2.32	12.21	10.48	9.50	19.39	44.33	6.07
增长率	3.84%	17.22%	13.08%	10.71%	18.45%	31.96%	4.20%

数据经过加工之后,可以从表中看出当年的增长比例,还可以得到如下结论:2018年营业收入突破百亿元,2019年营业收入大幅提升31.96%;增长率整体呈现上升趋势,2020年由于受到疫情影响增速开始放缓,但收入仍突破百亿大关。

(2)没有重点。避免这一不足的关键是关注重点指标值。当一个问题出现的时候,影响它的因素往往会有多个,在确定重要性的基础上,只需对主要影响因素进行深入分析,可以忽略不太重要的数据。某论文节选如下所示。

奥克斯之所以能实施低价策略的主要原因在于其成本控制。首先,奥克斯的自制率极高,早在2000年,奥克斯空调就进入空调零配件制造业。这样做的好处一是提升一体化、减少外包采购、降低成本;二是能在供应链中占据更有利地位,降低受制于上游供应商的风险。另外,不同于格力将精力主要放在线下销售,奥克斯早在电商浪潮的初期便投入互联网销售的怀抱,通过线上直销的方式大大降低了成本。

由于空调行业产品往往型号众多,多数企业往往只注重能满足各种需求的多类型产品,而忽略了爆款产品的打造。而奥克斯空调则注意到了爆款商品所能带来的销售带动及消费者口碑传播的优势,仅奥克斯空调的黄金侠（Y）系列，单款就卖出了 100 万套以上。另外，奥克斯的 KFR－25GW/NFW＋3 和 KFR－35GW/NFW＋3 两款型号也在 2018 年线上销售超过百万套。

由于奥克斯空调一直想对消费者传递的是平价优质的企业形象，而空调又作为家庭长期且高频的日常用品，售后服务自然十分关键。公司在售后方面一直紧抓不放，实施每年在售后服务上投入 3 000 万元的战略，并保证全国联保、整机保修 6 年，且大力开展推进年检服务。

对于这段话，读者无法知晓作者想说明什么问题：是奥克斯的成本控制，还是奥克斯的营销策略及售后服务？对于这一部分，作者应再根据标题及研究目的重新梳理相关内容。

（3）数据陈旧，缺乏说服力。如果论文要强调的问题具有时效性，过时的数据可能失去说服力。除了数据，政策、做法、经验、参考文献等信息也不应使用陈旧或过时的资料。最好选择近一年内的数据，以确保信息的时效性。有些论文使用某年中的特定数据（如截至 9 月底），当然，考虑到论文的整个写作和答辩过程通常持续四到五个月，因此时效性要求不至于那么高。

（4）数据不完备，说服力差。当一个问题需要充分的数据支持以进行全面说明时，如果数据不充足，就可能存在以偏概全的嫌疑。某论文这样写道：

无论是线上销售或是线下销售，奥克斯的产品均价都比格力、美的等企业低得多。根据奥维云网统计的 2018 年线上空调零售份额，奥克斯排名第一，零售额占比 26.02％，均价为 2 720 元。而美的、格力的零售额占比分别为 23.37％和 22.12％，均价为 3 104 元和 3 886 元。而在线下虽然还是格力稳居第一，零售额占比 37.86％，美的和奥克斯的零售额占比分别为 24.59％和 3.46％，但奥克斯的线下均价为 3 189 元，而美的和格力的均价分别为 3 874 元和 4 417 元。

上面这段话，数据不少，但不能说明问题。"奥克斯的产品均价都比格力、美的等企业低得多"是指常态,而非特殊情况。因此,仅用2018年的数据不能说明奥克斯产品价格低的优势,应多列举几年三种品牌的产品价格对比,才能客观地得出这一结论。

(二)如何用好图表

一般来说,图表的作用是使内容清晰易读,简单明了。论文中需要一定量的图表,但绝不是越多越好,而要做到少而精,让每张图表都能传达各自明确的信息。

图表主要分为数据类和概念类两种。数据类图表是将很多数据用一张图表表示,显示数据之间的联系。概念类图表就是将某个描述、流程等用图表示,使表达更加直观。

1. 数据类图表

数据类图表是通过对数据进行可视化的方式呈现的。绘制数据图表时,可以选择饼状图、条形图、柱形图、线形图和散点图等不同类型。制作数据图表的关键在于通过比较,清晰地展现数据之间的关系。一般而言,制作数据图表可分为三个步骤:首先明确定义主题,然后确定比较的类型,最后根据比较类型选择适当的图表形式。典型的数据类图表如图7-2所示。

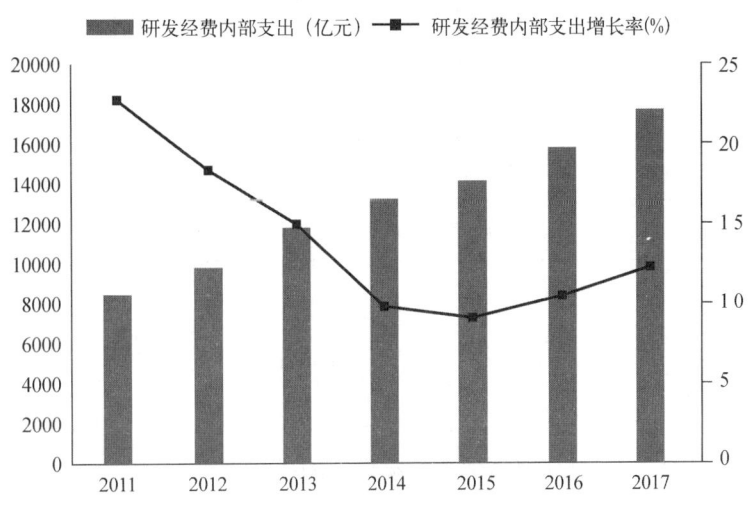

图7-2 2011—2017年全国研发经费内部支出及增长率

[1]资料来源:贺璟.创新补助、风险投资与企业创新[D].苏州大学,2020.

创新投入采用全社会研发经费内部支出来衡量,研发经费内部支出是指调查单位在报告年度用于内部开展研发活动的实际支出。据图7-2显示,我国研发经费内部支出呈持续上升趋势,但增长率逐年变缓,直到2015年开始有所回升。

2. 概念类图表

概念类图表最显著的特点是能够直观地传达信息。以下是一些常见的概念类图表,通常来说,这类图表并没有固定的格式,因此可以根据需要自由创作。

某篇学位论文中,作者在讲述Facebook的发展历程时使用了大量的篇幅,但是转换成表7-5后,核心事件一目了然,直观地呈现Facebook的各个发展阶段,比单纯的文字叙述效果要好得多。

表7-5 Facebook发展历程

时间点	事件
2004.2	成立
2006.9	由校园用户转成向互联网用户开放
2007.7	收购Parakey
2012.4	收购Instagram公司
2012.5	收购"FB",美国纳斯达克证券交易所上市
2014.2	收购Whats App
2019.5	全球最有价值品牌100强第6位

资料来源:根据Facebook资料整理所得。

下面来看另一个例子,图7-3中,作者将影响大学生创业选择的因素分别标出,再通过虚线框区别主观因素和情境因素,使得这一影响因素模型的组成部分清晰明了,很好地体现了文章后续的研究重点。

本文根据在主观因素和情境因素中提取出的变量,串联各变量之间的关系。以当前受疫情影响的现状为假设的基本前提,初步构建后疫情时代下的大学生创业选择行为的影响因素模型图,如图7-3所示:

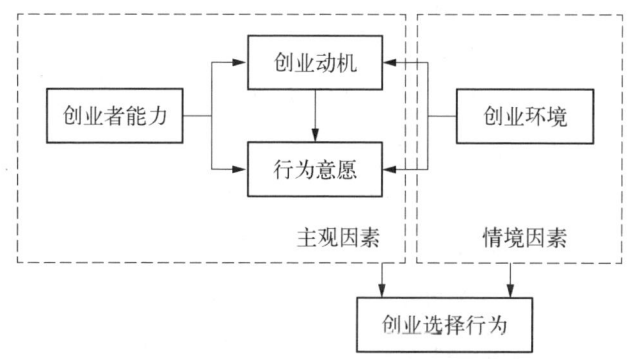

图7-3 大学生创业选择影响因素模型

三、章节与段落之间的衔接

论文的各个章节和段落之间需要巧妙而紧密的衔接,形成一个有机的整体。从整体结构到各个章节再到具体段落,它们之间应该环环相扣,如同一串完整的项链。这就要求章节和段落之间有一条无形的纽带连接,使整篇论文呈现出统一而连贯的感觉,在阅读的过程中让人能够流畅地理解每个章节和段落的内容,形成一个完整的论文结构。

文章的衔接主要分为以下几种:

(1)总体分述式衔接。该衔接是在章节开头,先对想要说明的总体内容做一个简单的概括,然后在正文中分步进行细化分析。

(2)引领式衔接。在章节开始就提出所要论述的几个方面,然后在文章的写作过程中,每个段落再凸显文章开头的问题,做到首尾呼应。

(3)因果衔接。在文章开头提出某一个问题的结果,然后在文章论述的过程中,通过提出几个方面的原因来印证所造成的结果。

(4)补充衔接。在对文章进行论述的过程中,可能会出现后面段落所要写的内容是对前面段落或者前面所提出问题的一种补充的情况,这就体现了补充衔接的重要性。

论文衔接的方法有很多种,关键在于根据论文的具体内容选择合适的方法。熟练掌握衔接技巧,清晰论文思路,将使你在写作过程中受益匪浅。

要做到章节和段落之间自然而然地衔接,可以从以下几个方面入手:

(1) 找准材料的内在联系。找准材料之间的相互关系是确保文章过渡衔接流畅的关键。只有在这一方面做到准确把握,才能使文章的连接看起来虽然微妙细腻、似乎不太显著,但实际上承载着文章的主题,使整篇论文紧密贯穿一个逻辑线索。在 MBA 学位论文中,这一线索往往涉及对现状的深入分析、问题的明确定位、解决方案的提出以及方案实施的全过程。

(2) 文章段落之间过渡自然。合适的过渡在文章中扮演着穿针引线的角色,通过巧妙的过渡表达,使得文章看起来更为自然流畅,呈现出统一而紧密的整体。例如,下面几种方式都适合作为过渡的语言。

总结式

通过回顾国内外文献可以发现,无论是何种绩效考核办法,都无法平衡利弊,绩效考核办法也无法有效地得到完善,其结果也永远存在误差。

承上启下式

前述章节通过对前人理论的研究,结合疫情的因素,对影响大学生创业选择行为的因素进行识别与定义分析,并提出了相应的研究假设。本章利用问卷调查的形式获取与研究有关的数据,对统计数据进行实证分析,验证研究假设。

引领式

在对创业行为的阶段性研究中,发现影响创业行为的有很多因素,综合来看,可以从内在和外在因素来展开。

通常而言,每一章开始要有一段章首语,结束时要有一段本章小结,以概括性的文字,起到承上启下的作用,使评阅人能够理解该章在整个论述中的位置和作用。然而,这段概括性文字不应包含具体的数据或信息,也不应插入图表,其作用只是实现章节之间的流畅过渡。

第八章
MBA 学位论文的评阅与答辩

第一节 学术规范

学术规范有助于维护学术界的声誉,促进学术领域的繁荣和健康发展。不同学术领域和学术机构可能有不同的规范和准则,在从事学术活动时应当根据具体情境遵循相应的规范。

一、学术规范的基本要求

(一)实事求是,保持严谨的治学态度

学术研究是一个对知识不断积累的过程。在学术研究的过程中,不仅要遵循客观事实和规律,按照事物的本来面貌进行研究,防止主观臆断,还要保持严谨的治学态度,坚持用科学的方法开展研究,作为一名研究生,要坚持用科学的精神,用实事求是的态度去对待他人的研究成果,用诚实的态度去探求真理,自觉遵守学术道德规范,对自己的行为负责。总而言之,就是要做到用严谨的治学态度严格要求自己,做到诚信为人,实事求是。

(二)尊重他人成果,合理借鉴他人的研究成果

学术研究的过程是一个漫长且艰苦的过程,在这个过程中,我们将实现知识的积累,不仅要使自身的知识得到增长,更要在他人研究成果的基础上进行提升。学术研究不仅仅是个人劳动的过程,也是全社会共同努力的过程。我们要在前人不断研究的基础上进行创新,没有他人的研究作为基础,学术研究将难以创新和深入。这就要求我们尊重他人研究的成果,要讲究诚信,不能在不加说明或备注的情况下引用别人的研究成果。

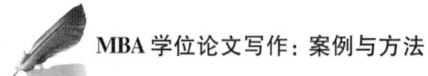

（三）坚守客观公正，正确评价他人的学术成果

对待他人的研究成果要进行客观公正的评价，这不仅是对自己的尊重，也是对他人的尊重，这更是为人的基本道德。在发表学术评价意见的时候，也要坚持从实际出发，对学术成果做出公正的评判，客观地发表自己的见解。要不偏不倚，不夸大研究的价值，也不刻意贬低成果的意义。

二、违反学术规范的行为

参照《上海大学学术规范》，下列行为属于违反学术规范的行为：

（1）抄袭、剽窃、伪造和篡改他人研究成果或项目申请书；侵吞他人学术成果。

（2）编造研究过程，捏造或篡改研究成果、实验数据或文献资料，捏造事实。

（3）买卖、代写论文或项目申请书，虚构同行评审人信息和评审意见。

（4）虚假填报或伪造专家鉴定、证书以及其他用于反映本人学术经历、学术成果或学术能力的证明材料。

（5）故意提供虚假信息等弄虚作假手段或采用贿赂、利益交换等方式获得科研活动审批，获取科研计划项目、科研经费、奖励、荣誉和职务职称等。

（6）无实质性学术贡献署名等违反学术论文、奖励、专利等署名规范的行为。

（7）一稿多投或未经注明重复发表研究成果，要求作者非必要地引用特定文献等违反学术出版规范的行为。

（8）违反科技伦理规范。

（9）违反学术评价规范。

（10）其他违背学术界公认的学术道德规范的行为。

鉴于科学研究是有风险的探索性活动，研究过程中发生的非恶意的错误和对数据、方法、概念的误解或误用，不列入违反学术规范行为的范畴。

第二节 论 文 答 辩

MBA学位论文通过指导老师的审核及评价之后，必须进行答辩，既可保证MBA学位论文的质量，也可防止论文舞弊现象的出现。其主要目的在于核查论文的真实性、评估学员知识的掌握能力与应用能力、评估学员的综合素质和创新能力。

一、论文答辩的特点

答辩是辩论的一种形式,辩论按形式的不同,可分为竞赛式辩论、对话式辩论和问答式辩论,答辩就是问答式辩论的简称。论文答辩具有以下几个特点。

(一)答辩双方人数不平等

答辩委员会是由校内评阅老师和外聘专家组成的,成员数量一般为3至5人。答辩委员会的成员通常具备丰富的学科知识和研究经验,代表着学术界的权威。他们对于相关领域的理论、方法和前沿动态都有深入的了解。相较之下,论文作者在答辩时应当全面展示自己的研究成果,并清晰地表达自己的观点和论证思路。在这个相对不对等的关系中,答辩老师会就论文的创新性、学术价值、研究方法等方面提出深入而富有挑战性的问题。论文作者则需要冷静应对,充分展现自己对论文内容的深入理解,以及对学科领域相关问题的回应能力。

(二)答辩需要做充分的准备工作

在答辩会上,答辩委员会的提问是基于论文的拟定,要答辩的问题不止一个,通常是三个或三个以上,而且作者在事先并不知道具体会有哪些问题。当答辩老师提出问题后,通常有两种情况:一是要求学生独立准备一段时间(一般在半小时以内),然后做出回答;二是不给予学生准备时间,答辩老师提出问题后,学生需要立即做出回答。为了成功通过答辩,作者在答辩前需要做充分的准备。

(三)表达方式以问答为主,辩论为辅

论文答辩通常采用问答的形式进行,由答辩委员会的成员提出问题,而论文作者进行回答。在这一互动的过程中,有时可能出现作者与答辩委员会成员在观点上存在分歧的情况。这种情况下,通常会进行辩论,以深化对问题的讨论。然而从总体而言,论文答辩主要以问答的方式为主,辩论在整个过程中占据辅助性的地位。

二、论文答辩的目的

MBA 学位论文的评审和答辩是对学生的两种不同又相辅相成的考核方法。前者是以书面形式进行,是一种单向的、静态的考核;而后者则采用双向的、口头的、动态的考核方式。论文评审主要目的在于审查论文的质量,包括鉴别论文的真实性、评估知识运用能力、促进知识深化与拓展,同时对论文成绩进行评价。相较之下,论文答辩更加注重对论文的实用性的审查,因此更偏向实证研究,使得通过答辩相对更为容易。通过论文答辩,不仅能够进一步验证论文的真实性,还能够考察学生的知识运用能力,促使其深化对研究领域的了解,展示学生在学术交流中的自信和口才。论文答辩的动态性使得评价更加全面,凸显了学生在实际应用中的能力,使得论文更具有实践价值。

三、学位论文答辩前的资格审查

MBA 学员在申请答辩时,首先需要接受学院的答辩资格审查,只有审查通过,答辩委员会才会组建,学员才可以准备参加正式的答辩。学位论文答辩资格合格的条件主要包括:① 培养计划中的各门课程考试、考核需要全部通过,学分修满;② 指导教师签署同意答辩的审阅意见;③ 学位论文通过查重等。通常情况下,上述条件需要同时具备,才能参加论文答辩。上海大学 MBA 论文答辩前的资格审查要求如表 8-1 所列。

表 8-1 答辩前的资格审查要求

序 号	具 体 要 求
1	完成培养计划并通过中期考核
2	在 MBA 学制内(超过 2 年正常学制需在系统中申请延期)
3	论文实际工作时间不少于 1 年
4	论文通过校外"双盲"评审(评议结果不含 D 且总分大于等于 75 分)
5	已发表用于申请学位的创新成果(具体以学院要求为准)

四、论文答辩的一般程序

答辩资格审查通过后,才能正式进入论文答辩阶段。MBA 论文答辩的具体过程如图 8-1 所示,答辩一般包括答辩开始、答辩者汇报、答辩委员会提问、答辩者回答问题和答辩结束 5 个阶段。

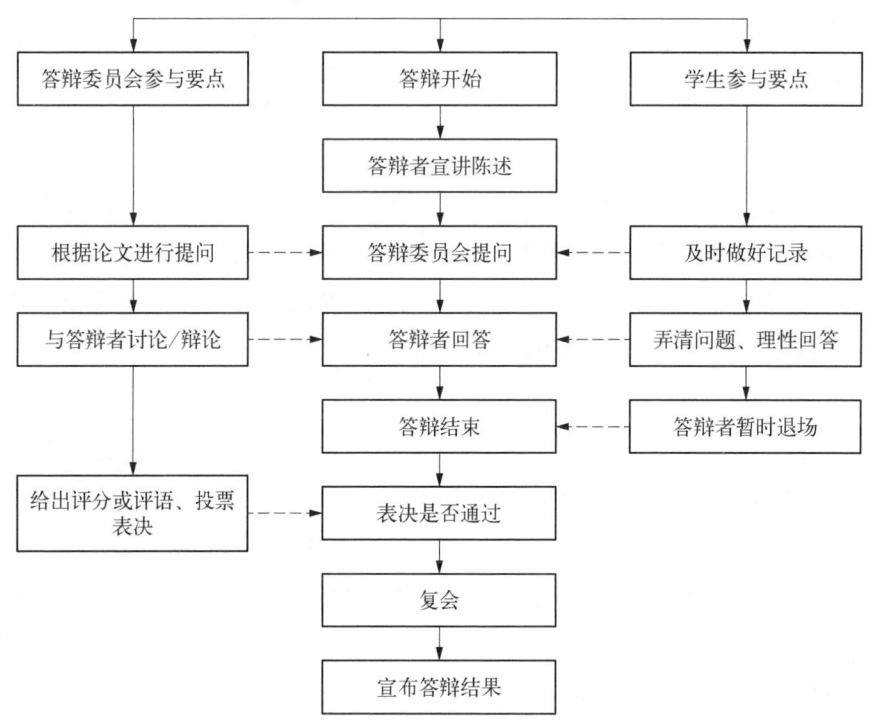

图 8-1 MBA 论文答辩流程

（一）答辩开始

在答辩开始阶段,答辩委员会成员、答辩秘书、答辩者各自在安排的位置上就座。答辩委员会主席宣布答辩开始,并依次介绍各位答辩委员会成员的姓名、工作单位、职务职称等个人情况,简要介绍答辩的安排、要求和注意事项,说明答辩的程序等。

（二）答辩者汇报

在陈述阶段,答辩者需要向答辩委员会简要报告论文的主要情况,时间应控制在 10~15 分钟。一般来说,准备 15~20 页的幻灯片就足够了。答辩的具体内容包括答辩者的工作背景、选题与自身工作的关联性、采用的研究方法、论文主要内容以及得出的结论等。在陈述过程中,答辩者应该明确阐述自己的工作经验和背景,说明所选题目与个人工作之间的密切联系。此外,需要详细介绍所采用的研究方法,并对论文的主要内容和获得的结论进行清晰而简洁的阐述。

(三) 答辩委员会提问

答辩者在完成汇报后,答辩委员会开始提问。提问的范围通常涵盖论文所涉及的基本理论知识和技能、数据来源,以及答辩者本人开展的各类工作等方面。提问环节的主要目的在于评估 MBA 学员的综合素质,论文研究的科学性、先进性,以及研究结果的现实意义等。在提问的过程中,学员应当认真倾听并做好详细的笔记。这有助于在回答问题时能够准确、有条理地表达自己的观点,展示对论文研究的深入理解和扎实功底。

(四) 答辩者回答

在提问结束后,答辩者可能需要一定时间来准备对所提问题的回答;有时答辩老师也会要求答辩者在问题被提出后立即进行回答。具体采用哪种答辩方式将由答辩委员会在答辩之前做出具体说明。在答辩者回答问题的过程中,答辩老师可能会随时插问,以深入检验 MBA 学员对知识的掌握程度。提问和回答的总时长一般在 5~10 分钟。在上述过程中,答辩者还应当做好详尽的记录,以便在答辩结束后进一步完善自己的论文。

(五) 答辩结束

在所有问题回答完毕后,答辩者将按照答辩委员会主席的指示暂时离开会场。在此时,答辩委员会根据论文的质量和学生的答辩表现进行综合评价,通过无记名投票来决定论文是否通过。随后,会议将继续进行。所有答辩者重新回到会议室后,答辩委员会主席将宣布答辩委员会的决议。

参 考 文 献

[1] 丁斌. 专业学位硕士论文写作指南[M]. 3版. 北京：机械工业出版社, 2019.

[2] 李怀祖, 田鹤亭, 苗洒玲. MBA学位论文研究及写作指导：MPA、MEM、MPAcc等专业硕士均适用[M]. 重庆：重庆大学出版社, 2018.

[3] 李武, 毛远逸, 肖东发. 学位论文写作与学术规范[M]. 2版. 北京：北京大学出版社, 2020.

[4] 赖一飞, 吴思. MBA研究方法与论文写作[M]. 北京：清华大学出版社, 2019.

[5] 徐勤, 苏涛永, 邱灿华. 知行合一：MBA/EMBA论文写作指南及范例[M]. 上海：同济大学出版社, 2021.

[6] 余来文. MBA论文写作与研究方法[M]. 北京：经济科学出版社, 2018.

[7] 余来文, 林晓伟, 封智勇, 纪志林. MBA论文写作指南[M]. 北京：经济管理出版社, 2019.

附录

工商管理专业学位类别
硕士学位论文基本要求

(试行)

全国工商管理专业学位研究生教育指导委员会

2023 年 12 月

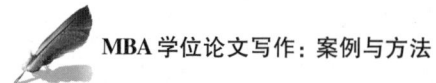

一、概述

（一）编制目的与依据

学位论文工作是专业学位研究生培养的重要组成部分，是对研究生承担专业工作的全面训练，是培养研究生实践创新能力的主要环节。工商管理硕士（以下简称"MBA"）学位论文的撰写，是培养学生综合能力的关键路径，特别是学生综合利用自身所学的各类管理领域及相关交叉学科的专业知识，解决企业实践中遇到的业务与管理问题的一次重要训练过程。为贯彻落实《教育部关于深入推进学术学位与专业学位研究生教育分类发展的意见（教研〔2023〕2号）》《专业学位研究生教育发展方案（2020—2025）（学位〔2020〕20号）》等文件精神，依据 MBA 学科专业简介和学位基本要求，制定本要求。

（二）基本原则

学位论文工作要坚持以习近平新时代中国特色社会主义思想为指导，紧紧围绕行业产业发展实际需要和人才培养目标，在导师（组）的指导下独立完成，科学严谨，恪守规范。MBA 学位论文应反映学生所掌握的新知识，体现学生提出问题、分析问题、解决问题的综合能力，并展现学生独立承担管理工作的实践能力。

（三）适用范围

本要求适用于 MBA 研究生开展学位论文选题、撰写、中期检查、答辩等环节，是培养单位研究生管理部门、学位授权点、导师对学位论文进行管理和评价的指导性文件。

二、学位论文选题要求

论文选题一般应来源于企业组织的管理实际，所选主题能够反映企业组织的管理实践，或是同一类企业组织亟待研究和解决的实际管理问题，因而具有研究价值。为保证学位论文的质量与研究价值，要求选题应尽可能细化和聚焦，选题标准可参考以下几点：

（1）一般应以企业组织作为研究对象，该企业组织可以是一家企业，也可以是面临共性管理问题的一类企业。

（2）选题要聚焦，要明确论文拟解决的核心问题是什么、问题产生的根源以及解决该问题具有的价值;要"小题大做"和"小题深做",注意避免选题过大的问题。

(3) 选题所聚焦的管理实践问题,在目标企业组织现有管理环境与资源条件下,存在一定的可解决空间。

(4) 针对选题所关注的管理问题,研究者应具备收集相应数据资料的条件(如具备实施访谈或开展问卷调查等条件)。

(5) 论文的选题一般应与我国各类企业经营管理能力提升与高质量发展要求紧密结合。建议 MBA 学生选取本人所在企业或产教融合培养环节所在企业(如:实习实践基地单位)作为论文分析对象,倡导和鼓励学生通过撰写学位论文埋清工作思路,提升对工作单位管理实践的归纳总结、管理问题的分析和解决,传播优秀中国管理实践的经验。

(6) 论文中涉及企业组织相关的商业计划书、可行性报告以及行业研究报告、管理制度建设等实际管理工作内容时,要在符合相应的法律法规下合规使用,脱敏处理当事企业组织的内部数据,注意保护商业秘密。

三、学位论文类型和相关要求

MBA 学位论文一般应是一篇应用研究型的专业学位论文,与学术型硕士学位论文存在较大差异。MBA 学位论文要求学生立足管理实践,针对特定企业组织识别一个真实存在的管理问题或有意义的实践,恰当运用理论框架和分析工具进行系统性分析,并在此基础上提炼具有可操作性的问题解决方案或实践总结。

按学位论文的撰写格式和组织形式的不同,即论文体例的不同,MBA 学位论文可划分为两大类型,即专题研究类和案例研究类。其他形式论文或创新成果,各培养单位可以自行探索并制定相应标准,暂不编制统一的规范标准。

(一) 专题研究类论文

1. 基本定位

专题研究类论文,是以企业组织为研究对象,基于管理理论分析框架,运用定性与定量相结合的科学调查方法与管理分析工具,在对调研对象进行充分的调查、研究、分析、测算基础上,了解对象的现状、性质及特点,识别制约

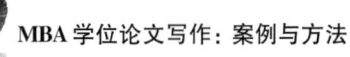

企业发展的核心管理问题或关键因素,并分析寻找问题的成因或决策依据,在此基础上提出相关的对策建议和行动方案。

2. 考核内容

专题研究类论文,不同于企业组织一般的调研报告或诊断报告,需要符合学位论文的规范要求,定位于学生独立运用所学知识提出问题、分析问题和解决问题的能力以及调查研究和文字表达的能力,要求内容充实,联系实际,观点鲜明,论据充分,论文所得结论应对解决实际管理问题有指导意义和参考价值。一般来说,专题研究类论文的规范内容包括:绪论、相关概念界定与理论基础、企业现状介绍、企业管理问题识别、管理问题成因分析、解决和改进问题的具体建议,以及结论与展望等几部分内容。

3. 评价侧重点

该类型论文,涵盖如诊断主导型、调查报告主导型等多种形式,虽然它们在内容模块的侧重点上有所差异,但具有三方面的共同特点:(1)以问题为导向,即遵循现实存在的问题描述(问题的起源、发展、影响等)——问题分析(问题的性质、产生原因、理论分析)——问题的解决(思路、方案、措施与政策等)的逻辑展开;(2)研究过程上,强调必须运用相关理论和方法对所研究的专题进行分析研究,采取规范、科学、合理的方法和程序,通过资料收集、实地调查、数据统计与分析等技术手段开展工作,资料和数据来源可信,这是该类型论文的考核要点;(3)在研究成果方面,专题研究所获得的结论应当具有较强的理论与实践依据,具有可应用性、可参考性与可借鉴性。

表1　MBA 专题研究类论文评价参考要素

评价要素	基　本　要　求
论文选题	研究主题属于管理学科领域;研究主题具有管理实践意义
研究问题	识别了一个真实的企业组织管理问题;对研究问题做出明确界定和阐述
理论应用	具有明确的管理问题分析框架或理论工具;对管理理论和/或分析工具的应用恰当

续 表

评价要素	基 本 要 求
问题分析	对问题实质和成因有系统分析;分析资料和支持证据比较充实
解决方案	明确提出问题解决思路和/或方案;所提问题解决方案具有一定可行性
写作规范	理论观点和数据的引用标注规范;结构完整、逻辑严密、语句通顺、版面规范

(二) 案例研究类论文

1. 基本定位

案例研究类论文通常是"以结构化的文字载体,真实、客观、系统地剖析企业组织在特定内外部情境下的独特管理实践"。结合学位论文的撰写要求,案例研究类论文一般需具备如下要素:

(1) 论文选题所涉及的企业组织内外部情境的客观描述;

(2) 与论文选题直接相关的企业组织独特管理实践的结构化展现;

(3) 有针对性的管理问题分析;

(4) 科学务实的管理解决方案设计;

(5) 符合学位论文的结构和写作等规范要求。

2. 考核内容

案例研究类论文的考核重点主要包括：(1) 案例事件过程和全貌信息的系统性搜集、整理和处理,与案例信息的结构化展现;(2) 对案例事实做出的分析或总结。鼓励撰写案例研究类论文,旨在锻炼学员洞察企业内外部真实情境、客观全面搜集企业管理实践细节的能力,并进而增强其应用相关管理理论与方法、分析研究复杂情境下管理实践的能力。一般来说,案例研究类论文的规范内容包括：绪论、必要的企业/行业背景信息描述、管理事件的全过程描述、案例分析、管理解决方案设计与实施,以及研究结论几部分。

3. 评价侧重点

案例研究类论文要求必须是取材于真实的企业实践,提倡采用深入企业/行业调研的一手案例信息。某些情况下,出于案例对象企业保密和案例中所涉及人物隐私的考虑，在论文中可以对企业名称、人物姓名、敏感数据进行脱敏处理，但所描述的管理现象/管理实践，管理困境/管理决策必须是实际发生的，需要真实、客观，不得随意编造和修改。根据企业管理实践的特征与研究关注点，案例研究类论文主要分为描述型（也称之为平台型）和问题型（也称之为决策型）两类。描述型案例论文，聚焦于企业或其他组织发展过程中独特的管理现象或管理实践。描述型案例论文定位于解释"Why（为什么）"的问题，注重对案例现象及其发生内在机理的解释。问题型案例论文，着眼于企业或其他组织发展过程中所面临的独特管理困境或管理决策。问题型案例论文侧重于解决"How（如何做）"的问题，注重对引发案例问题的内在原因的识别分析与系统性解决方案的提出。

表 2　MBA 案例研究类论文评价参考要素

评价要素	基　本　要　求
论文选题	研究主题属于有意义的管理问题或管理实践
案例陈述	案例正文聚焦主题，逻辑清晰，信息真实、客观、准确、充分
理论应用	案例分析部分具有明确的管理问题分析框架或理论工具，对管理理论和/或分析工具的应用恰当
问题分析	案例分析部分密切结合了案例正文的信息资料和相关管理理论，分析论证系统、充分
分析结果	案例结果部分能明确提出问题解决的可信思路和/或方案；或者对管理概念/理论/模型能做出可靠的总结
写作规范	论文的观点明确，数据引用标注规范，结构完整，逻辑严密、语句通顺、版面规范

四、其他

全国工商管理专业学位研究生教育指导委员会负责本要求的宣传推广、解释、迭代更新等工作。